TINTO

Basisordner
Sprache • Lesen

3

von
Christiane Bruns, Eva Jochmann, Sybille Schaub,
Julia Schröder, Martin Wörner

illustriert von
Eva Czerwenka, Tobias Krejtschi, Ingrid Sissung

scook Deine **interaktiven Gratis-Übungen** findest du hier:

1. Gehe auf scook.de.
2. Gib den unten stehenden Zugangscode in die Box ein.
3. Hab viel Spaß mit deinen Gratis-Übungen.

Dein Zugangscode auf
www.scook.de | 8wsy3-qjepo

Cornelsen

Die STARK-Rechtschreibstrategien

S. 121	**Wörter in Silben gliedern und abhören** Hör genau!	Schu le, lau fen, lang sam Blu men töp fe, Schwes ter, schlei chen
S. 61	**Nomen und Satzanfänge großschreiben** Groß/klein?	der Tisch, die Angst ein Tisch – viele Tische **D**er **H**und bellt.
S. 21	**Verwandte Wörter finden** Gehört zu?	
	Wörter mit **ä** oder **e**, **äu** oder **eu**	W**ä**lder <–ä–> Wald l**äu**ft <–äu–> laufen
	Wörter mit **b** oder **p**, **d** oder **t**, **g** oder **k**	Ber**g** <–g–> Berge ro**t** <–t–> rote San**d** <–d–> sandig schrei**b**t <–b–> schreiben
	Wörter mit silbentrennendem **h**	ste**h**t <–h–> stehen
S. 41	**Länge des Selbstlautes prüfen** Lang/kurz?	Rabe Katze Feder erschre**ck**en Stiefel bi**tt**en gro**ß** Schlo**ss** Hu**t** bu**nt**
S. 101	**Schwierige Wörter merken** Merk's dir!	**V**ogel, Fu**chs** Kur**v**e, B**oo**t fa**h**ren, Interview

Angst ist ein Name für ein Gefühl.

Tisch ist ein **Ding**.

Inhaltsverzeichnis

Hier leben wir

Jahreszeiten und Feste

Wörterliste

A a

der **Abend,** die Aben|de

abends

aber

ab|wech|selnd

acht

der **Ad|vent**

der **Af|fe,** die Af|fen

ähn|lich

al|le

al|lein

als

also

alt, äl|ter, am äl|tes|ten

am

an

andere

än|dern, sie än|dert

die **Angst,** die Ängs|te

ängst|lich

an|kreu|zen, er kreuzt an

an|le|gen, es legt an

an|spit|zen, sie spitzt an

ant|wor|ten, er ant|wor|tet

der **Ap|fel,** die Äp|fel

der **April**

ar|bei|ten, sie ar|bei|tet

der **Är|ger**

är|ger|lich

der **Arzt,** die Ärz|te

die **Ärz|tin,** die Ärz|tin|nen

auch

auf

die **Auf|ga|be,** die Auf|ga|ben

auf|pas|sen, er passt auf

auf|wach|sen, sie wächst auf, sie wuchs auf

das **Au|ge,** die Au|gen

der **Au|gen|blick,** die Au|gen|bli|cke

aus

au|ßen

au|ßer|dem

aus|wach|sen, es wächst aus, es wuchs aus

aus|wech|seln, sie wech|selt aus

das **Au|to,** die Au|tos

B b

ba|cken, er backt/bäckt, er back|te / er buk

bald

der **Ball,** die Bäl|le

die **Ba|na|ne,** die Ba|na|nen

die **Bank,** die Bän|ke

bau|en, sie baut

der **Baum,** die Bäu|me

be|feh|len, er be|fiehlt, er be|fahl

be|gin|nen, es be|ginnt, es be|gann

be|haart

bei

das **Bei|spiel,** die Bei|spie|le

bei|ßen, er beißt, er biss

be|kom|men, es be|kommt, es be|kam

be|loh|nen, sie be|lohnt

be|ob|ach|ten, er be|ob|ach|tet

be|quem

der **Berg,** die Ber|ge

ber|gig

be|setzt

be|sie|gen, sie be|siegt

das **Bett,** die Bet|ten

be|vor

bie|gen, er biegt, er bog

das **Bild,** die Bil|der

bil|lig

die **Bir|ne,** die Bir|nen

bis

biss|chen

der **Bis|sen,** die Bis|sen

bit|ten, sie bit|tet, sie bat

das **Blatt,** die Blät|ter

blau

blei|ben, es bleibt, es blieb

bli|cken, er blickt

der **Blitz,** die Blit|ze

blitz|schnell

der **Block,** die Blö|cke

bloß

die **Blu|me,** die Blu|men

das **Boot,** die Boo|te

bö|se

brau|chen, sie braucht

bre|chen, es bricht, es brach

bren|nen, es brennt, es brann|te

der **Brief,** die Brie|fe

die **Bril|le,** die Bril|len

brin|gen, er bringt, er brach|te

das **Brot,** die Bro|te

die **Brü|cke,** die Brü|cken

der **Bru|der,** die Brü|der

brum|men, es brummt

das **Buch,** die Bü|cher

die **Burg,** die Bur|gen

der **Bus,** die Bus|se

die **But|ter**

C c

chat|ten, er chat|tet

der **Chip,** die Chips

der **Chor,** die Chö|re

der **Clown,** die Clowns

der **Com|pu|ter,** die Com|pu|ter

In der Wörterliste stehen Verben in der Grundform und zur leichteren Identifizierung auch in der 3. Person Singular Präsens.
Bei einem Vokalwechsel im Wortstamm steht zusätzlich die 3. Person Singular Präteritum.
Bei einem Vokalwechsel im Wortstamm stehen bei Adjektiven neben der Grundstufe auch die Steigerungsformen.

Dd

da
• der **Dachs,** die Dachse
danach
dann
das
davor
• die **Decke,** die Decken
dein
dem
den
denken, sie denkt, sie dachte
denn
der
des
• der **Detektiv,** die Detektive
• die **Detektivin,** die Detektivinnen
deutlich
• das **Deutsch**
Deutschland
dich
dicht
dick
die
• der **Dieb,** die Diebe
• der **Dienstag,** die Dienstage
dies
dieser
dir
doch
• der **Donnerstag,** die Donnerstage
doof
doppelt
dort
• die **Dose,** die Dosen
draußen
• der **Dreck**
dreckig
drehen, sie dreht
drei
drucken, er druckt
drücken, sie drückt
du
dumm
dünn
durch
dürfen, es darf, es durfte
durstig

Ee

• das **E-Book,** die E-Books
• die **Ecke,** die Ecken
eckig
• das **Ei,** die Eier
• die **Eidechse,** die Eidechsen
eigentlich
• der **Eimer,** die Eimer
ein, eine, einer
einfach
einmal
eins
• das **Eis**
eisig
• der **Ekel**
• der **Elefant,** die Elefanten
die **Eltern**
• die/• das **E-Mail,** die E-Mails
empfehlen, er empfiehlt, er empfahl
empfindlich
endlich
entdecken, sie entdeckt
entwickeln, es entwickelt
• die **Entwicklung,** die Entwicklungen
er
• die **Erdbeere,** die Erdbeeren
• die **Erfindung,** die Erfindungen
• das **Ergebnis,** die Ergebnisse
erkennen, er erkennt, er erkannte
erklären, sie erklärt
ermitteln, sie ermittelt
erschrecken, er erschrickt, er erschrak
erstens
• der **Erwachsene,** die Erwachsenen
erzählen, es erzählt
• die **Erzählung,** die Erzählungen
es
essen, er isst, er aß
• der **Essig,** die Essige
etwas
euch
• die **Eule,** die Eulen

Ff

• die **Fabrik,** die Fabriken
• das **Fach,** die Fächer
fahren, sie fährt, sie fuhr
• das **Fahrrad,** die Fahrräder
fallen, er fällt, er fiel
• die **Familie,** die Familien
fangen, sie fängt, sie fing
fast
fehlen, es fehlt
• der **Fehler,** die Fehler
• das **Feld,** die Felder
die **Ferien**
• der **Fernseher,** die Fernseher
fertig
feucht
• das **Feuer,** die Feuer
• die **Feuerwehr,** die Feuerwehren
finden, er findet, er fand
• der **Fisch,** die Fische
• die **Flasche,** die Flaschen
flattern, sie flattert
• die **Fledermaus,** die Fledermäuse
fleißig
• die **Fliege,** die Fliegen
fliegen, es fliegt, es flog
• der **Flieger,** die Flieger
• die **Flosse,** die Flossen
• die **Flöte,** die Flöten
• der **Flug,** die Flüge

Die in der DaZ-Didaktik übliche farbige Kennzeichnung der Artikel von Nomen durch Artikelpunkte unterstützt das Erlernen des grammatischen Geschlechts. Sie stellt eine Hilfe insbesondere für mehrsprachige Kinder dar.

• das **Flug|zeug,** die Flug|zeu|ge
• der **Fluss,** die Flüs|se
flüs|sig
fra|gen, er fragt
• die **Frau,** die Frau|en
• der **Frei|tag,** die Frei|ta|ge
• die **Frei|zeit,** die Frei|zei|ten
fres|sen, sie frisst, sie fraß
sich **freu|en,** er freut sich
• der **Freund,** die Freun|de
fried|lich
fros|tig
früh
• der **Früh|ling**
• das **Früh|stück,** die Früh|stü|cke
• der **Fuchs,** die Füch|se
füh|len, sie fühlt
fun|ken, es funkt
für
• der **Fuß,** die Fü|ße
• der **Fuß|ball,** die Fuß|bäl|le
füt|tern, er füt|tert

G g

• die **Ga|bel,** die Ga|beln
ganz, gan|ze, gan|zer
• der **Gar|ten,** die Gär|ten
• das **Ge|bäu|de,** die Ge|bäu|de
ge|ben, es gibt, es gab
• die **Ge|duld**
ge|fähr|lich
ge|fal|len, es ge|fällt (mir), es ge|fiel (mir)
ge|hen, er geht, er ging
gei|zig
• die **Ge|las|sen|heit**
gelb
• das **Ge|mü|se,** die Ge|mü|se
gern
ge|sche|hen, es ge|schieht, es ge|schah
• die **Ge|schich|te,** die Ge|schich|ten
die **Ge|schwis|ter**
• das **Ge|setz,** die Ge|set|ze
ges|tern
ge|sund, ge|sün|der, am ge|sün|des|ten
ge|win|nen, sie ge|winnt, sie ge|wann
• das **Ge|wit|ter,** die Ge|wit|ter
• die **Gier**
gie|ßen, es gießt, es goss
• die **Gi|raf|fe,** die Gi|raf|fen
glatt
• der **Glau|be**
glau|ben, er glaubt
• das **Glück**
glück|lich
• das **Gold**
groß, grö|ßer, am größ|ten
• der **Groß|va|ter,** die Groß|vä|ter
• die **Grup|pe,** die Grup|pen
grü|ßen, sie grüßt
gu|cken, es guckt
gut, bes|ser, am bes|ten
• die **Gü|te**

H h

• das **Haar,** die Haa|re
ha|ben, ich ha|be, du hast, er/sie/es hat, wir ha|ben, ihr habt, sie ha|ben; er hat|te
hä|keln, sie hä|kelt
halb
hal|lo
hal|ten, es hält, es hielt
• die **Hand,** die Hän|de
• der **Händ|ler,** die Händ|ler
• der **Hand|schuh,** die Hand|schu|he
• das **Han|dy,** die Han|dys
hän|gen, er hängt, er häng|te / er hing
hart, här|ter, am här|tes|ten
• der **Ha|se,** die Ha|sen
• der **Hass**
häss|lich
häu|fig
• das **Haus,** die Häu|ser
he|ben, sie hebt
• das **Heft,** die Hef|te
hei|ßen, es heißt, es hieß
hei|zen, er heizt
hel|fen, sie hilft, sie half
hell
• das **Hemd,** die Hem|den
he|raus
• der **Herbst**
he|rein
• das **Herz,** die Her|zen
her|zig
herz|lich
heu|te
hier
hin|ter
• die **Hit|ze**
hoch, hö|her, am höchs|ten
hof|fen, er hofft
hö|ren, sie hört
• die **Ho|se,** die Ho|sen
• die **Hum|mel,** die Hum|meln
• der **Hund,** die Hun|de
• der **Hun|ger**
hung|rig
hu|pen, sie hupt

I i

ich
• die **Idee,** die Ide|en
ihm
ihn
ihr
ihre
im
im|mer
in
• die **In|for|ma|ti|on,** die In|for|ma|tio|nen
in|te|res|sant
• das **In|ter|net**
• das **In|ter|view,** die In|ter|views

J j

ja
- die **Ja|cke,** die Ja|cken

ja|gen, es jagt
- das **Jahr,** die Jah|re
- der **Jah|res|wech|sel,** die Jah|res|wech|sel

je|de

jetzt

jung, jün|ger, am jüngs|ten
- der **Jun|ge,** die Jun|gen

K k

- der **Kä|fer,** die Kä|fer
- der **Kaf|fee**

kalt, käl|ter, am käl|tes|ten

kämp|fen, er kämpft
- die **Kan|ne,** die Kan|nen

ka|putt
- die **Ka|rot|te,** die Ka|rot|ten
- die **Kar|te,** die Kar|ten
- die **Kar|tof|fel,** die Kar|tof|feln
- der **Kä|se,** die Kä|se
- die **Kat|ze,** die Kat|zen

kau|fen, sie kauft
- der **Keks,** die Kek|se

ken|nen, er kennt, er kann|te
- das **Kind,** die Kin|der
- der **Kin|der|wa|gen,** die Kin|der|wa|gen
- die **Kir|sche,** die Kir|schen
- der **Kirsch|ku|chen,** die Kirsch|ku|chen
- das **Kis|sen,** die Kis|sen

klap|pen, es klappt
- die **Klas|se,** die Klas|sen

kle|ben, es klebt
- der **Klee**
- das **Kleid,** die Klei|der
- der **Klei|der|bü|gel,** die Klei|der|bü|gel

klein

klet|tern, sie klet|tert
- das **Kli|ma**

klin|geln, es klin|gelt

klin|gen, es klingt, es klang

klug, klü|ger, am klügs|ten

kni|cken, er knickt
- der **Knopf,** die Knöp|fe

ko|chen, sie kocht
- der **Kof|fer,** die Kof|fer
- das **Koh|len|di|oxid,** die Koh|len|di|oxi|de

kom|men, es kommt, es kam

kön|nen, sie kann, sie konn|te
- der **Kopf,** die Köp|fe

ko|pie|ren, er ko|piert
- der **Korb,** die Kör|be
- der **Kör|per,** die Kör|per

krab|beln, es krab|belt

kräf|tig
- der **Kra|ke,** die Kra|ken

krat|zen, es kratzt
- das **Kreuz,** die Kreu|ze
- die **Kreu|zung,** die Kreu|zun|gen

krie|gen, er kriegt
- die **Kü|che,** die Kü|chen
- die **Kuh,** die Kü|he

kurz, kür|zer, am kür|zes|ten
- der **Kuss,** die Küs|se

L l

la|chen, sie lacht
- der **Lachs,** die Lach|se
- das **Land,** die Län|der

lang, län|ger, am längs|ten

lang|sam

las|sen, es lässt, es ließ
- das **Laub**

lau|fen, er läuft, er lief
- der **Läu|fer,** die Läu|fer
- die **Läu|fe|rin,** die Läu|fe|rin|nen

le|ben, sie lebt

leer
- der **Leh|rer,** die Leh|rer
- die **Leh|re|rin,** die Leh|re|rin|nen

ler|nen, es lernt

le|sen, er liest, er las

leuch|ten, es leuch|tet
- das **Le|xi|kon,** die Le|xi|ka
- das **Licht**

lieb

lie|ben, sie liebt
- das **Lied,** die Lie|der

lie|gen, es liegt, es lag

lo|ben, er lobt

lo|cken, sie lockt
- der **Löf|fel,** die Löf|fel

lö|schen, sie löscht

los|las|sen, er lässt los, er ließ los
- der **Lö|we,** die Lö|wen
- der **Luchs,** die Luch|se
- die **Lu|pe,** die Lu|pen

M m

ma|chen, sie macht
- das **Mäd|chen,** die Mäd|chen

mai|len, er mailt

ma|len, sie malt
- die **Ma|ma,** die Ma|mas

man
- der **Mann,** die Män|ner
- die **Map|pe,** die Map|pen
- der **März**
- die **Mas|se,** die Mas|sen

mat|schig
- die **Maus,** die Mäu|se

mau|zen, er mauzt
- das **Meer,** die Mee|re

mehr

mein

meis|tens
- der **Mensch,** die Men|schen

mes|sen, sie misst, sie maß
- das **Mes|ser,** die Mes|ser

mich
- die **Milch**
- die **Mi|nu|te,** die Mi|nu|ten

mir
mit
mit|neh|men, er nimmt mit, er nahm mit
• der **Mit|tag,** die Mit|ta|ge
• die **Mit|te**
• der **Mitt|woch,** die Mitt|wo|che
mö|gen, sie mag, sie moch|te
• der **Mond,** die Mon|de
• der **Mon|tag,** die Mon|ta|ge
• das **Moor,** die Moo|re
• das **Moos,** die Moo|se
mor|gen
• das **Mo|sa|ik,** die Mo|sa|ike
• die **Mü|cke,** die Mü|cken
• der **Mund,** die Mün|der
münd|lich
müs|sen, es muss, es muss|te
mu|tig
• die **Mut|ter,** die Müt|ter
• die **Müt|ze,** die Müt|zen

N n

nach
• der **Nach|mit|tag,** die Nach|mit|tage
na|gen, er nagt
na|h(e), nä|her, am nächs|ten
• die **Nä|he**
näm|lich
• die **Na|se,** die Na|sen
• das **Nas|horn,** die Nas|hör|ner
nass
na|tür|lich
neh|men, sie nimmt, sie nahm
nein
• das **Nest,** die Nes|ter
nett
neu
• die **Neu|gier**
nicht
nichts
nie
noch
• die **No|tiz,** die No|ti|zen
• der **No|vem|ber**
nun
nur
• die **Nuss,** die Nüs|se
nütz|lich

O o

ob
• das **Obst**
• der **Och|se,** die Och|sen
oder
öff|nen, er öff|net
oft, öf|ter, am öf|tes|ten
oh|ne
• der **Ok|to|ber**
• die **Oma,** die Omas
• der **Opa,** die Opas

P p

paar
• das **Paar,** die Paa|re
pa|cken, sie packt
• das **Pa|ket,** die Pa|ke|te
• der **Pa|pa,** die Pa|pas
• der **Pa|pa|gei,** die Pa|pa|gei|en
• die **Pap|pe,** die Pap|pen
• der **Pass,** die Päs|se
pas|sie|ren, es pas|siert
• die **Pell|kar|tof|fel,** die Pell|kar|tof|feln
• das **Pferd,** die Pfer|de
pfif|fig
• die **Pflan|ze,** die Pflan|zen
• das **Pflas|ter,** die Pflas|ter
pflü|cken, er pflückt
• der **Pin|sel,** die Pin|sel
• der **Platz,** die Plät|ze
plötz|lich
pro|ben, sie probt
• der **Pul|lo|ver,** die Pul|lo|ver
• das **Pul|ver,** die Pul|ver
pünkt|lich
• die **Pup|pe,** die Pup|pen

Qu qu

qua|ken, er quakt
• der **Quark**
• die **Quel|le,** die Quel|len
quie|ken, es quiekt

R r

• das **Rad,** die Rä|der
• das **Ra|dio,** die Ra|dios
ra|ten, sie rät, sie riet
• das **Rät|sel,** die Rät|sel
• der **Räu|ber,** die Räu|ber
• der **Rauch**
• der **Raum,** die Räu|me
rech|nen, er rech|net
• die **Re|gel,** die Re|geln
• der **Re|gen,** die Re|gen
• der **Re|gen|schirm,** die Re|gen|schir|me
• der **Re|gen|wurm,** die Re|gen|wür|mer
reg|nen, es reg|net
reg|ne|risch
• das **Reh,** die Re|he
rei|ßen, er reißt, er riss
• der **Reiß|ver|schluss,** die Reiß|ver|schlüs|se
rei|ten, sie rei|tet, sie ritt
rei|zen, es reizt
ren|nen, er rennt, er rann|te
• die **Ret|tung,** die Ret|tun|gen
• das **Re|zept,** die Re|zep|te
rich|tig
• der **Ries|e,** die Rie|sen
rie|sig
• der **Rock,** die Rö|cke
rol|len, er rollt
• der **Rü|cken,** die Rü|cken
• der **Ruck|sack,** die Ruck|sä|cke
ru|fen, sie ruft, sie rief
• die **Ru|he**
ru|hig
rüh|ren, er rührt
rund
• die **Rut|sche,** die Rut|schen

S s

• der **Saal,** die Sä|le
• der **Sack,** die Sä|cke
• der **Saft,** die Säf|te
saf|tig
sa|gen, es sagt
• das **Salz**
sal|zig
sam|meln, er sam|melt
• der **Sams|tag,**
die Sams|ta|ge
san|dig
sau|gen, sie saugt
• das **Schaf,** die Scha|fe
schaf|fen, er schafft
• der **Schal,** die Schals
schat|tig
schau|en, er schaut
• die **Schau|fel,** die Schau|feln
• die **Schau|kel,**
die Schau|keln
schau|keln,
es schau|kelt
schen|ken, er schenkt
schi|cken, sie schickt
schie|ben, er schiebt,
er schob
• das **Schiff,** die Schif|fe
schimp|fen, sie schimpft
schla|fen, es schläft,
es schlief
schlecht
schlie|ßen, er schließt,
er schloss
• das **Schloss,** die Schlös|ser
• der **Schluss,** die Schlüs|se
• der **Schlüs|sel,**
die Schlüs|sel
schme|cken,
es schmeckt
• der **Schmet|ter|ling,**
die Schmet|ter|lin|ge
• der **Schmutz**
schmut|zig
• der **Schnee**
schnei|den,
es schnei|det, es schnitt
schnell
• der **Schnup|fen,**
die Schnup|fen
schon
schön
• der **Schrank,** die Schrän|ke
schreck|lich
schrei|ben, er schreibt,
er schrieb
schrei|en, sie schreit,
sie schrie
• die **Schu|le,** die Schu|len
• die **Schüs|sel,**
die Schüs|seln
schüt|zen, es schützt
schwarz
schwe|ben, er schwebt
• das **Schwein,** die Schwei|ne
• die **Schwes|ter,**
die Schwes|tern
schwie|rig
• die **Schwie|rig|keit,**
die Schwie|rig|kei|ten
schwim|men,
sie schwimmt,
sie schwamm
schwit|zen, er schwitzt
• der **See,** die Se|en
se|hen, er sieht, er sah
sehr
sein, ich bin, du bist, er/
sie/es ist, wir sind, ihr
seid, sie sind; er war
sein, sei|ne
seit
selbst
• der **Ses|sel,** die Ses|sel
(sich) **set|zen,** sie setzt (sich)
sich
sie
sin|gen, er singt, er sang
• der **Sitz,** die Sit|ze
sit|zen, sie sitzt, sie saß
• das **Smart|phone,**
die Smart|phones
so
• die **So|cke,** die So|cken
sol|len, es soll
• der **Som|mer**
som|mer|lich
• der **Sonn|abend,**
die Sonn|aben|de
• die **Son|ne,** die Son|nen
• die **Son|nen|bril|le,**
die Son|nen|bril|len
• der **Sonn|tag,** die Sonn|ta|ge
span|nend
• der **Spaß,** die Spä|ße
spät
spa|zie|ren, er spa|ziert
• der **Spa|zier|gang,**
die Spa|zier|gän|ge
spe|zi|al
spe|zi|ell
• der **Spie|gel,** die Spie|gel
spie|len, es spielt
• die **Spin|ne,** die Spin|ne
spitz
• die **Spit|ze,** die Spit|zen
• der **Sport**
• die **Spra|che,** die Spra|chen
spre|chen, er spricht,
er sprach
sprin|gen, sie springt,
sie sprang
sprit|zen, es spritzt
• der **Stab,** die Stä|be
• die **Stadt,** die Städ|te
stark, stär|ker,
am stärks|ten
ste|chen, er sticht,
er stach
ste|hen, sie steht,
sie stand
steh|len, er stiehlt,
er stahl
• der **Stein,** die Stei|ne
stei|nig
stel|len, sie stellt
ster|ben, er stirbt,
er starb
• der **Stern,** die Ster|ne
• die **Stra|ße,** die Stra|ßen
• der **Strauch,** die Sträu|cher
strei|ten, sie strei|tet,
sie stritt

• das **Stück,** die Stü|cke
• der **Stuhl,** die Stüh|le
• die **Stun|de,** die Stun|den
• der **Stun|den|plan,** die Stun|den|plä|ne
su|chen, er sucht
sur|fen, sie surft
süß

T t

• das **Ta|blet,** die Ta|blets
• die **Ta|fel,** die Ta|feln
• der **Tag,** die Ta|ge
täg|lich
• die **Ta|sche,** die Ta|schen
• das **Ta|schen|tuch,** die Ta|schen|tü|cher
• die **Tas|se,** die Tas|sen
• die **Tat|ze,** die Tat|zen
• der **Tee,** die Tees
• der **Teich,** die Tei|che
• der **Tel|ler,** die Tel|ler
• die **Tem|pe|ra|tur,** die Tem|pe|ra|tu|ren
• der **Tep|pich,** die Tep|pi|che
• das **Ther|mo|me|ter,** die Ther|mo|me|ter
tief
• die **Tie|fe,** die Tie|fen
• das **Tier,** die Tie|re
• der **Tipp,** die Tipps
tip|pen, er tippt
• der **Tisch,** die Ti|sche
to|ben, es tobt
• der **Tod,** die To|de
toll
tot
tra|gen, er trägt, er trug
• die **Trau|er**
trau|rig
tref|fen, sie trifft, sie traf
• die **Trep|pe,** die Trep|pen
trin|ken, sie trinkt, sie trank
tro|cken
trotz|dem
tun, er tut, er tat
• das **Tür|kisch**

U u

üben, sie übt
über
über|win|tern, er über|win|tert
• die **Uhr,** die Uh|ren
• der **Uhu,** die Uhus
um
• die **Um|welt,** die Um|wel|ten
um|zie|hen, sie zieht um, sie zog um
und
un|ge|fähr
• das **Un|ge|heu|er,** die Un|ge|heu|er
• die **Un|ru|he,** die Un|ru|hen
uns
un|ter
• der **Ur|laub,** die Ur|lau|be
• der **USB-Stick,** die USB-Sticks

V v

• der **Vam|pir,** die Vam|pi|re
• die **Va|se,** die Va|sen
• der **Va|ter,** die Vä|ter
ver|bie|ten, er ver|bie|tet, er ver|bot
• das **Ver|bot,** die Ver|bo|te
ver|dop|peln, sie ver|dop|pelt
ver|fol|gen, er ver|folgt
ver|ges|sen, sie ver|gisst, sie ver|gaß
• der **Ver|käu|fer,** die Ver|käu|fer
• die **Ver|käu|fe|rin,** die Ver|käu|fe|rin|nen
ver|let|zen, er ver|letzt
ver|lie|ren, sie ver|liert, sie ver|lor
ver|mis|sen, er ver|misst
• die **Ver|pa|ckung,** die Ver|pa|ckun|gen
ver|rückt
ver|spre|chen, sie ver|spricht, sie ver|sprach
(sich) **ver|ste|cken,** es ver|steckt (sich)
• der **Ver|such,** die Ver|su|che
ver|su|chen, er ver|sucht
ver|wech|seln, sie ver|wech|selt
ver|zwei|feln, er ver|zwei|felt
viel, mehr, am meis|ten
vie|le
viel|leicht
vier
vio|lett
• der/• das **Vi|rus,** die Vi|ren
• der **Vo|gel,** die Vö|gel
voll
vom
von
vor
vo|raus
vor|bei
• die **Vor|fahrt,** die Vor|fahr|ten
• der **Vor|na|me,** die Vor|na|men
vor|ne
• der **Vor|schlag,** die Vor|schlä|ge
vor|sich|tig
• der **Vor|teil,** die Vor|tei|le
• der **Vul|kan,** die Vul|ka|ne

W w

• die **Waa|ge,** die Waa|gen
• das **Wachs,** die Wach|se
wach|sen, es wächst, es wuchs
• das **Wachs|tum**
wa|ckeln, es wa|ckelt
wahr
• der **Wald,** die Wäl|der
• die **Wand,** die Wän|de
wann
warm, wär|mer, am wärms|ten
wa|rum

was
• die **Wä|sche**
• das **Was|ser,** die Wäs|ser
• die **Web|site,** die Web|sites
• das **Wech|sel|geld**
wech|sel|haft
wech|seln, er wech|selt
• der **Wech|sel|strom**
weg
• der **Weg,** die We|ge
we|hen, es weht
• das **Weih|nach|ten,** die Weih|nach|ten
weil
wei|nen, er weint
weiß
wei|ter
• der **Wei|zen**
wel|cher
• die **Welt,** die Wel|ten
wem
wen
we|nig
wenn
wer
wer|den, es wird, es wur|de
wer|fen, er wirft, er warf
• das **Wet|ter**
wich|tig
wie
wie|der
wie|gen, sie wiegt, sie wog
• der **Wi|kin|ger,** die Wi|kin|ger
• der **Wild|wech|sel,** die Wild|wech|sel
• der **Wind,** die Win|de
win|dig
• der **Win|ter,** die Win|ter
wir
wirk|lich
wis|sen, er weiß, er wuss|te
• der **Witz,** die Wit|ze
woh|nen, sie wohnt
• die **Wol|ke,** die Wol|ken
wol|kig
wol|len, es will, es woll|te
• das **Wort,** die Wör|ter / die Wor|te
wü|tend

Z z

• der **Zahn,** die Zäh|ne
• das **Ze|bra,** die Ze|bras
zei|gen, er zeigt
• die **Zeit,** die Zei|ten
• das **Zelt,** die Zel|te
• die **Zie|ge,** die Zie|gen
zie|hen, er zieht, er zog
ziem|lich
• das **Zim|mer,** die Zim|mer
• die **Zi|tro|ne,** die Zi|tro|nen
zit|tern, es zit|tert
• der **Zoo,** die Zoos
zu
• der **Zu|cker**
zu|erst
• der **Zug,** die Zü|ge
zum
zur
zu|rück
zu|sam|men
zwei
• der **Zwerg,** die Zwer|ge

Für Wörterlisten-Profis

1 Welches Wort kommt in der Wörterliste als Nächstes?

funken ________ Messer ____________ Riese ______________ um __________________

2 Unter welchem Buchstaben stehen die wenigsten Wörter? ________________

Unter welchem Buchstaben stehen die meisten Wörter? ________________

3 Welche Wörter stehen nicht in der Wörterliste? Streiche sie durch.

also • die Suppe • fließen • der Zirkus • der Sonnenbrand • du
das Hemd • sauber • der Kuss • groß • mehr • die Tür • an

Wir in der Schule

rennen

● Computerraum

● Frühstück

rund

spielen

● Stundenplan

● Verkehrszeichen

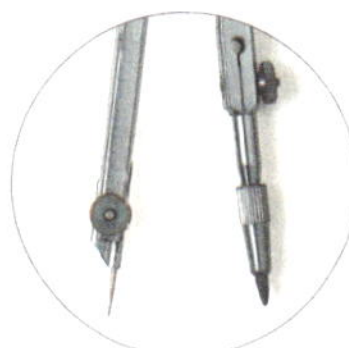
spitz

lachen

● Gruppenarbeit

● Wörterbuch

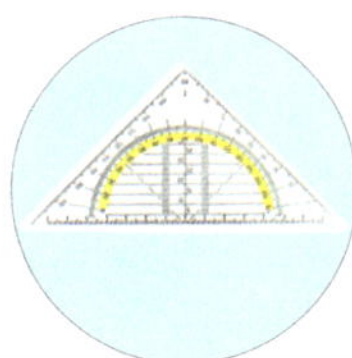
dreieckig

entdecken

Übe die Wörter auf der Rückseite.

gestreift

Kontrolliere mit der Vorderseite.

Alles richtig? ☐

Hier schreibe ich Wörter, Texte, Ideen und Fragen zum Bild auf.

Postkarten und ein Gedicht lesen

Die Reisetasche

In der Reisetasche
Ist die Reise und die Tasche.
In der Reise und der Tasche
Ist der Reis und die Asche.
In dem Reis
Ist das Eis.
Dann ist in der Asche das Asch.
Im Eis ist auch das Ei
Und mein Gedicht, das ist vorbei.

Lavinia Burckhardt (10)

Was hast du in den Ferien erlebt?

Ein Kinderbuch lesen

„Gestatten, Morrison!“

Die vierte Stunde begann pünktlich um 10:30 Uhr. Die Klasse war gerade dabei, die längsten Flüsse Europas ins Heft zu übertragen, als es klopfte. Miss Cornfield schaute auf. „Der Besuch ist da“, sagte sie und klatschte in die Hände. Es klopfte ein zweites Mal. „Herein!“, rief die Lehrerin. Die Tür ging auf. Ein Mann mit Schlapphut, grauem Kittel und Lederstiefeln schlurfte über den abgeschabten Parkettboden. „Gestatten, Morrison“, sagte der Mann und machte eine kleine Verbeugung. Die Klasse kicherte. „Mortimer Morrison, Inhaber der magischen Zoohandlung“, nuschelte der Besucher. „Mr. Mortimer Morrison wird uns in diesem Schuljahr mit magischen Tieren versorgen“, erklärte Miss Cornfield vergnügt. „Waaas?“, fragte Anna-Lena. „Magische Tiere!“, wiederholte Miss Cornfield geduldig. „Er versorgt uns mit magischen Tieren!“ Die Lehrerin nickte dem Besucher mit dem Schlapphut aufmunternd zu. Sie selbst nahm hinter dem Lehrerpult Platz. Mr. Morrison räusperte sich. Jeder aus der Klasse hatte die Augen auf ihn gerichtet. Mr. Morrison begann mit knarzender Stimme zu sprechen. „Magische Tiere sind etwas ganz Besonderes. Sie sind uns ähnlicher, als wir es für möglich halten. Manchmal kommt es uns vor, als könnten sie unsere Gedanken lesen. Sie kennen unsere geheimen Wünsche.“

„Euer Tier kann mit euch sprechen – aber nur mit euch. Andere Menschen werden es nicht hören. Euer magisches Tier wird euch niemals im Stich lassen. Ihr bekommt den treuesten Gefährten, den ihr euch vorstellen könnt.“

Margit Auer

Welches magische Tier hättest du gern?

Fragen zum Text beantworten

1 Lies den Text.
Wie findet es Sofie, dass ihre Mutter sie mit dem Auto zur Schule bringt?

Sofie vergisst eigentlich nichts

Manchmal bringt Mutter Sofie mit dem Auto zur Schule. Das findet Sofie gar nicht so gut. Denn dauernd fragt Mutter: „Hast du auch nichts vergessen? Das Schreibheft? Den Zeichenblock?“ Sofie bläst die Backen auf und sagt: „Ich hab alles.“ Aber heute brüllt sie: „Mein Zeichenblock!“

Rums! Mutter bremst und dreht eine tolle Kurve. „Wir schaffen es noch!“, sagt sie. Sofie rennt die Treppe rauf und holt den Zeichenblock. Nach einer Weile sagt Mutter: „Du könntest auch Danke sagen.“ Sofie schüttelt den Kopf. Mutter staunt: „Du bist ganz schön frech.“ „Gar nicht“, sagt Sofie. „Wegen dir hab ich den Block vergessen. Weil du immer gefragt hast. Da denk ich dann nicht mehr dran.“ „Vielleicht hast du recht“, sagt Mutter.

Peter Härtling ◇

2 Kreuze die richtige Antwort an.

Wofür soll Sofie Danke sagen?

☐ Dafür, dass die Mutter sich beeilt.
☐ Dafür, dass die Mutter an den Zeichenblock gedacht hat.

Warum sagt die Mutter, dass Sofie frech ist?

☐ Weil Sofie extra langsam ist. ☐ Weil Sofie sich nicht bedanken will.

3 Warum hat Sofie den Block vergessen?

Sich in eine Figur hineinversetzen

1 Lies den Abschnitt. Sieh dir das Bild an.
Wie fühlen sich die Tiere wohl?

Es gab einmal eine Zeit,
da gingen alle Tiere in die Schule.
So schnell sie konnten,
begaben sie sich zum Unterricht.

2 Lies den nächsten Abschnitt.
Sieh dir das Bild an. Welches Tier mag das Fach Schwimmen? Warum?

Am ersten Schultag saßen sie aufgeregt in ihren Bänken und waren neugierig. Als die Lehrer die Stundenpläne vorlasen, waren viele Oohs und Aaahs zu hören. Es gab aber auch manche Iihs und Buuhs. „Schwimmen finde ich gut“, bellte ein Schüler. Bei den Fächern Klettern und Laufen waren die Meinungen geteilt.

3 Lies weiter. Wie geht es der Ente wohl in der zweiten Stunde? Warum?

Dann begann der Unterricht. Die Ente hatte in der ersten Stunde Schwimmen. Das machte ihr Spaß, denn schwimmen konnte sie gut. Am Ende der Stunde schwammen alle um die Wette. Die Ente erreichte als Erste das Ziel, sie war sogar noch schneller als der Lehrer. Zufrieden schnatternd watschelte sie zur nächsten Unterrichtsstunde, zum Klettern.

Nele Moost / Pieter Kunstreich

AH, FH, FB S. 6

Diskutieren und eine Lösung finden

1 Lies die Sprechblasen. Über welches Thema sprechen die Kinder?

THEMA

2 Markiert Begründungen für die Leseecke und den Computertisch in verschiedenen Farben. Findet eine eigene Begründung.

ARGUMENTE FINDEN

3 Wie können die Kinder sich einigen? Sammelt Ideen und sprecht darüber.

ABSTIMMUNG und PROTOKOLL

Eigene Gefühle äußern

1 Sieh dir die Bilder an. Was ist im unteren Bild anders? Markiere.

die Sprache | die Kleidung | der Gesichtsausdruck
die Körperhaltung | die Mundstellung | die Haare

2 Überlegt gemeinsam. Was sagt Lea im oberen Bild?
Was sagt Lea im unteren Bild? Schreibt es in die Sprechblasen.

3 Spielt beide Situationen so, dass man merkt, wie Max und Lea sich fühlen.

4 Denkt euch eine eigene Situation aus und spielt sie.
Verwendet Ich-Botschaften.

Unsere Situation: ______________________

Tipp

Ich bin traurig, weil …
Ich freue mich, weil …
Ich ärgere mich, denn …
Ich finde es gemein, dass …
Ich bitte dich darum, dass …

Regeln aufschreiben und begründen

1 Bildet eine Gruppe aus vier Kindern. Jedes Kind schreibt in sein Feld Regeln, die es für das Zusammensein in der Klasse wichtig findet.

2 Dreht den Bogen dreimal so, dass ihr alle Felder gelesen habt.

3 Einigt euch auf drei Regeln. Schreibt diese Regeln in die Mitte.

Tipp

– **ich** oder **wir** statt man verwenden	~~Man muss sich melden.~~ Wir melden uns.
– Regeln statt Verbote finden	~~Rennen ist verboten.~~ Wir gehen langsam.
– einfache und kurze Regeln aufschreiben	~~Alle müssen am Schulende die Stühle hochstellen und ihren Platz ordentlich aufräumen.~~ Wir stellen die Stühle hoch. Wir räumen auf.

4 Sammelt alle Regeln in der Klasse. Einigt euch auf fünf Regeln und schreibt sie auf ein Plakat.

Zu welchem Thema möchtest du Absprachen treffen oder Regeln vereinbaren?

Lob aufschreiben

1 Lies die Karten. Was wurde an der Leine gesammelt?

2 Welche Karte passt nicht an eine **Lob-Leine**?
Kreuzt diese Karte an und begründet eure Meinung.

☐ In dieser Stunde haben es alle Kinder geschafft, sich zu melden. Toll!

☐ Es nervt, dass du mich störst, wenn ich schreibe.

3 Wen möchtest du für etwas loben? Schreibe eine Karte für die **Lob-Leine**.
Die Wörter im Kasten können dir helfen.

Ich lobe dich, weil …
Es ist toll, dass …
Super, dass …
Mich hat gefreut, dass …
spitze • nett • sehr schön

4 Lest euch eure Karten vor.
Überlegt: Steht auf jeder Karte ein Lob?
Verbessert die Karten, falls es notwendig ist.

Erstellt eine **Lob-Leine** für euren Klassenraum.

AH, FH, FB S. 7

Nomen

1 Ordne die Nomen. Schreibe sie mit Artikel auf.

• Lehrerin, • Vogel, • Block, • Kind, • Fliege, • Sonnenblume, • Gras,
• Stuhl, • Katze, • Geschenk, • Stundenplan, • Junge, • Reh, • Baum

Menschen: die Lehrerin,

Tiere:

Pflanzen:

Dinge:

2 Finde acht Nomen in der Wörterliste: zwei für **Menschen**, zwei für **Tiere**, zwei für **Pflanzen**, zwei für **Dinge**. Ergänze sie bei Aufgabe 1.
Schreibe sie mit Artikel auf.

Merksatz

Menschen haben einen Namen. Tiere, Pflanzen und Dinge auch.
Diese Wörter nennt man Nomen (Substantive). Man schreibt sie groß.
Lehrerin, Katze, Baum, Fach
Nomen gibt es in der Einzahl und in der Mehrzahl. *der **Kopf** – die **Köpfe***
Nomen können bestimmte und unbestimmte Artikel haben.
***der** Vogel – **ein** Vogel, **die** Lehrerin – **eine** Lehrerin, **das** Fach – **ein** Fach*

3 Finde zu jedem Nomen in der Einzahl das Nomen in der Mehrzahl.
Verbinde sie und schreibe sie auf.

Einzahl	Mehrzahl
das Fach	die Geschichten
der Zeh	die Computer
die Geschichte	die Fächer
der Computer	die Schlüssel
der Schlüssel	die Bänke
die Bank	die Zehen

das Fach – die Fächer,

4 Finde die drei Nomen in jeder Zeile und markiere sie.
Schreibe sie richtig mit dem unbestimmten Artikel **ein** oder **eine** auf.

großbuchstabe • groß • großstadt • großvater

spielerisch • spielfeld • endspiel • spielleiter

startflagge • startseite • startklar • startblock

ein Großbuchstabe,

Adjektive

1 Lies beide Gedichte. Aus wie vielen Adjektiven bestehen sie?
Trage die Anzahl in die Kästchen ein.

ELISA
ernst
liebenswert
interessant
sportlich
angriffslustig

JAN
jung
albern
nett

Anzahl der Adjektive: ☐

Anzahl der Adjektive: ☐

2 Schreibe die Adjektive mit dem Namen auf.
Achtung! Das Adjektiv verändert sich immer.

die ernste Elisa,

3 Schreibe die Buchstaben deines Namens untereinander auf. **Oder:** Wähle einen anderen Namen. Finde zu jedem Buchstaben ein passendes Adjektiv.

Merksatz

Wörter, die sagen, wie etwas ist oder aussieht, nennt man Adjektive.
Wenn ein Adjektiv vor einem Nomen (Substantiv) steht, verändert sich die Endung passend zum Nomen (Substantiv).
*ernst – die ernst**e** Elisa, toll – ein tol**ler** Schüler, nett – ein net**tes** Kind*

4 Bilde mit den Wörtern Sätze.

Elisa ist eine begeisterte Radfahrerin.

Jan ist ein

5 Setze in jeden Satz ein passendes Adjektiv ein.
Denke daran: Die Endung kann sich verändern.

kurz • gut • lustig • lang • schön • langweilig • toll • schwer• klein • großartig

Mathe ist ein ______ Fach.

Die Pausen sind in der Schule oft ______.

Ich habe einen ______ Schulweg.

Wir haben einen ______ Klassenraum.

Verschiedene Satzarten

1 Lies die Sätze leise.

Brauchst du Hilfe ?

Ich lese erst einmal alles Bestimmt verstehe ich es dann

Das ist eine gute Idee

Wie geht diese Aufgabe

Ich kann dir das erklären

Super Danke

2 Lest jeden Satz mit verschiedener Betonung.
Ist es eine **Aussage**, eine **Frage**, eine **Aufforderung** oder ein **Ausruf**?

3 Ergänze am Satzende **.** oder **?** oder **!**.

4 Schreibe zu jedem Kasten eine Aussage, eine Frage und eine Aufforderung.

Stichworte schreiben Ich schreibe Stichworte.

?

!

in der Gruppe arbeiten

Finde im Lesetext auf Seite 8 mindestens eine Aussage, eine Frage und eine Aufforderung. Schreibe sie auf.

Merksatz

Am Ende einer Aussage steht ein Punkt. **.** *Ich lese alles.*
Nach einer Frage steht ein Fragezeichen. **?** *Brauchst du Hilfe?*
Nach einer Aufforderung oder einem Ausruf steht ein Ausrufezeichen. **!**
Erkläre das Wort! Super!

Wörter nach dem Alphabet ordnen

1 Lies die Liste. Ordne die Wörter nach dem Alphabet. Streiche jedes benutzte Wort.

Das mögen wir:
- Pause
- Morgenkreis
- Chor
- Lieder
- ~~Ausflug~~
- Kakaodienst
- Freunde
- Regenpause

Ausflug,

2 Ordne die Wörter von den Listen nach dem Alphabet. Streiche jedes benutzte Wort.

Das mögen wir nicht:
- streiten
- Schulaufgaben
- Spielverderber
- sitzen
- ~~Sachaufgaben~~
- suchen

Nicht erlaubt:
- schubsen
- schlagen
- ~~schimpfen~~
- schreien
- schmeißen
- schmatzen

Sachaufgaben,

schimpfen,

3 Finde die Wörter in der Wörterliste. Schreibe die Seitenzahl auf.
Achtung! In jeder Zeile steht ein Wort nicht in der Wörterliste.

• Fach: S. 2	• Flugzeug: S. ____	früh: S. ____	• Faden: S. ____
• Wind: S. ____	wehen: S. ____	wolkig: S. ____	• Watte: S. ____
• Maurer: S. ____	morgen: S. ____	machen: S. ____	• Mütze: S. ____

Verwandte Wörter finden

Gehört zu?

ä oder **e**, **äu** oder **eu**?
Denke nach:
Gibt es ein **verwandtes Wort** mit **a**? Schreibe das Wort mit **ä**.
Gibt es ein verwandtes Wort mit **au**? Schreibe das Wort mit **äu**.

b oder **p**, **d** oder **t**, **g** oder **k**?
Denke nach:
Gibt es ein **verwandtes Wort** mit **b**, **d** oder **g**, bei dem du es hörst?

Nächte ←ä→ Nacht
Räume ←äu→ Raum
Hund ←d→ Hunde
Zweig ←g→ Zweige
lebt ←b→ leben

Übe so:
Zeichne einen **Doppelpfeil** zwischen die Wörter. **Schreibe** den schwierigen Buchstaben **darüber**.
Sprich dazu.

Wörter mit ä oder e, äu oder eu

1 Ordne das verwandte Wort zu. Markiere verwandte Wörter in der gleichen Farbe.

der Schäfer | die Gräser | die Sträucher | es gefällt | jährlich | verträumt

der Traum | gefallen | der Strauch | das Jahr | das Schaf | das Gras

2 Finde zu jedem Wort ein verwandtes Wort mit **a** oder **au**: rät ←ä→ raten, …

rät • räumt • schläft • bläulich • säubern • glänzend • verfällt • träumt

3 Setze **ä** oder **äu** ein. Achtung! Drei Wörter haben kein verwandtes Wort mit **a** oder **au**. Schreibe sie mit **e** oder **eu**.

Tim l äu ft auf den Schulhof. Er fr ___ t sich. Die B ___ me und Str ___ cher l ___ chten rot und g ___ lb. Tim sammelt die kr ___ ftig gef ___ rbten Bl ___ tter.

STARK: Alle Strategien üben

1 Lies den Text. Sieh dir die Fehlerwörter genau an.

haben

Wir habn einen neuen stundenplan mit fielen Fechern. Mathe mag ich unt Sport auch. jeden Dienstak gehen wir schwimen. Am Montag habe ich die Bal-AG.

2 Sprecht über jedes Fehlerwort. Wie wird es richtig geschrieben? Welche Strategie hilft euch?

3 Schreibe jedes Fehlerwort richtig auf. Nutze dazu die freien Zeilen. Schreibe auch die passende Strategie dazu.

4 Schreibe den Text richtig ab. Ergänze einen Schlusssatz.

Das kann ich schon

Rechtschreibtraining

Nach den Ferien überlegen sich die Kinder viele Wörter mit **ä** und **äu**. Die Lehrerin erklärt ihnen, wie sie die Wörter üben können. Lea denkt sich witzige Sätze aus. Tim malt Häuser mit bunten Dächern und riesigen Gärten davor.
Am Ende hängen alle Kinder ihre Blätter an die Wände im Klassenraum.

Wörter nach dem Alphabet ordnen

1 Ordne die Wörter aus jedem Kasten nach dem Alphabet.

schneiden • abschälen • zerkleinern • drücken

abschälen,

● Erdbeere, ● Ananas, ● Kiwi, ● Apfel, ● Zitrone,
● Weintraube, ● Mandarine, ● Radieschen, ● Mais

die Ananas,

flüssig • feucht • fein • fruchtig • fertig • flach • frisch

fein,

Übungswörter

die Blätter
die Dächer
die Gärten
die Häuser
die Lehrerin
die Sätze
die Wände
sie erklärt
erklären
hängen
können
er träumt
träumen
überlegen
witzig

davor
nach
sich
viel
wie

Diese Seite fand ich:
○ leicht ○ mittel ○ schwer

Wörter mit ä oder e, äu oder eu

2 Finde zu jedem Wort ein verwandtes Wort mit **a** oder **au**.

Fächer • Städte • Räume • Träume • Gläser • Späße
Schläuche • Fäuste • Kätzchen • Kräuter • Einkäufe

Fächer ⟷ Fach, (ä über dem Pfeil)

3 Finde verwandte Wörter mit **a** oder **au**. Setze **ä** oder **äu** ein.

- R äu ber ⟷ rauben
- L ___ fer ⟷ ___
- Geb ___ de ⟷ ___
- W ___ sche ⟷ ___
- ___ rztin ⟷ ___
- B ___ cker ⟷ ___
- aufr ___ men ⟷ ___
- er schl ___ ft ⟷ ___
- ___ lter ⟷ ___
- bl ___ lich ⟷ ___
- t ___ glich ⟷ ___
- ___ ngstlich ⟷ ___

Diese Seite fand ich:
○ leicht ○ mittel ○ schwer

Verschiedene Satzarten

4 Lies die Sätze. Ergänze am Satzende **.** oder **?** oder **!**.

Wann beginnt die Schwimmstunde ?

Lena trägt einen neuen Badeanzug

Hol schnell deine Schwimmbrille

Hast du mein Handtuch gesehen

Achtung, das Wasser ist kalt

Fatma sitzt auf der Decke

Nomen

5 Markiere jedes Nomen in Einzahl und Mehrzahl in der gleichen Farbe.

Dieses Nomen bleibt übrig: ______________

der Kopf · ein Sessel · das Buch · ein Schiff

die Muschel · das Dach · die Köpfe

die Bücher · viele Schiffe · die Muscheln · die Dächer

6 Finde die drei Nomen in jeder Zeile und markiere sie.
Schreibe sie richtig mit unbestimmtem Artikel auf.

blume • blumig • blumenstrauß • blumenvase

stundenzeiger • stunde • stündlich • stundenplan

schulhof • hofpause • hoffentlich • hoftor

eine Blume,

____

____

____

____

Diese Seite fand ich:
○ leicht ○ mittel ○ schwer

Adjektive

7 Ordne jedem Nomen ein treffendes Adjektiv zu. Schreibe sie zusammen auf.

• Ball

• Clown

• Katze

• Seil

• Kissen

lustig
schwarz
rund
lang
weich

ein runder Ball, ______________________________

____

____

____

8 Setze in jeden Satz ein passendes Adjektiv ein.
Denke daran: Die Endung verändert sich.

klein • verschmiert
mutig • lustig
duftend • schön
schmutzig • gut

Jan ist ein __________ Junge.

Lisa wischt die __________ Tafel.

Diyar ist ein __________ Fußballer.

Die Rose ist eine __________ Blume.

Alle Strategien üben

Markiere die Fehlerwörter. Schreibe die passenden Strategiezeichen darüber.

↔

Das Kint leuft in die schule. (3)

Schreibe nun den ganzen Satz richtig auf.

____

Diese Seite fand ich:
○ leicht ○ mittel ○ schwer

Kartoffeln, Kartoffeln

keimen

● Chip

● Flagge

hell

stempeln

● Kartoffelkäfer

● Kartoffelpflanze

dunkel

ernten

● Bratkartoffel

● Schale

heiß

wachsen

Übe die Wörter auf der Rückseite.

giftig

Kontrolliere mit der Vorderseite.

Alles richtig? ☐

Hier schreibe ich Wörter, Texte, Ideen und Fragen zum Bild auf.

Ein Rätsel und Sprichwörter lesen

Morgens rund,
Mittags gestampft,
Abends in Scheiben.
Dabei will ich bleiben.

Johann Wolfgang von Goethe

Michael und Tom sind richtig gute Freunde.
Eines Tages aber will Tom nichts mehr
mit Michael zu tun haben.
Er geht ihm nur noch aus dem Weg.

Er hat ihn fallen lassen
wie eine heiße Kartoffel.

Eine faule Kartoffel im Korb
steckt viele gesunde an.

Erst sind alle einverstanden, dass der
Klassenausflug in den Zoo gehen soll.
Doch dann beginnt Anne zu meckern.
Mit einem Mal sind zehn andere Kinder
auch dagegen.

Welche weiteren Sprichwörter
und Redensarten kennst du?

Ein Kinderbuch lesen

Anton kocht

Anton wohnte im vierten Stock. „Das ist fein, dass du mich mal besuchst“, sagte er zu Pünktchen. Sie begrüßten einander und standen eine ganze Weile in der Tür. „Nun aber mal rin in die gute Stube“, meinte Pünktchen schließlich. Da lachten sie und Anton ging voran. Er führte sie in die Küche. „Ich koche gerade“, sagte er. „Du kochst?“, fragte sie und brachte den Mund gar nicht wieder zu. „Na ja“, sagte er. „Was soll man machen? Meine Mutter ist doch schon so lange krank und da koche ich eben, wenn ich aus der Schule komme. Wir können doch nicht verhungern.“ „Bitte, lass dich nicht stören“, erklärte Pünktchen, zog den Mantel aus und legte den Hut ab. „Koche ruhig weiter. Ich schaue dir zu. Was gibt’s denn heute?“ „Salzkartoffeln“, sagte er, nahm einen Topflappen und trat zum Herd. Auf diesem stand ein Topf, Anton hob den Deckel hoch, spießte mit der Gabel in die Kartoffeln und nickte befriedigt. Er nahm zwei Eier, schlug sie in einen Topf, goss etwas Wasser hinein, nahm eine Tüte, schüttete etwas Weißes hinter den Eiern und dem Wasser her und dann quirlte er mit einem kleinen Quirl darin herum. „Du mein Schreck!“, rief er. „Es werden Klümpchen.“ „Warum hast zu Zucker hineingeschüttet?“, fragte das Mädchen. „Das war doch Mehl“, antwortete Anton. „Ich mache Rührei und wenn man Mehl und Wasser dazuschüttet, werden die Portionen größer als sonst.“ Pünktchen nickte. „Und wie viel Salz schüttet man an die Salzkartoffeln?“, erkundigte sie sich. „Ein ganzes Pfund oder bloß ein halbes?“ Anton lachte laut. „Viel weniger!“, sagte er. „Das könnte ja gut schmecken. Nur ein paar Messerspitzen voll natürlich.“

Erich Kästner

Das sind weitere Bücher von Erich Kästner:

Informationen im Text finden

1 Lies den Text. **Oder:** Lass dir den Text vorlesen. Kläre unbekannte Wörter.

Die List von König Friedrich II.

Vor 250 Jahren regierte König Friedrich der Große das Land Preußen. Zu dieser Zeit hatten die Menschen wenig zu essen. Besonders in den Wintermonaten herrschte Hunger. Nach einem besonders schlimmen Hungerwinter ließ Friedrich der Große Kartoffeln an seine Untertanen verteilen.

Keiner kannte diese merkwürdige Frucht, die aus Südamerika durch Seefahrer nach Europa gekommen war. Die Menschen untersuchten die Knolle misstrauisch. Sie konnten mit der Kartoffel nichts anfangen und warfen sie den Hunden zum Fressen vor.

Da überlegte sich König Friedrich eine List. Auf allen Feldern rund um die Hauptstadt Berlin ließ er Kartoffeln anpflanzen. Soldaten mussten diese Felder bewachen. Als die Menschen das sahen, dachten sie: „Welch wertvolle Frucht wächst auf diesen Äckern, dass sie sogar bewacht werden muss?“

Als der König merkte, dass die Bevölkerung immer neugieriger wurde, verstärkte er die Wachen. Gleichzeitig befahl er ihnen aber auch, dass sie nachts schlafen und nicht aufpassen sollten. So kam es, dass die Menschen sich nachts auf die Felder schlichen und Kartoffeln stahlen. Zu Hause probierten sie diese Frucht und merkten, dass die Kartoffel gekocht essbar war. Die unbekannte Knolle vergruben sie sogar im eigenen Garten.

Im nächsten Frühjahr dann hatten sie genug Knollen, um selber Kartoffeln zu setzen. Immer mehr Bauern pflanzten auf ihren Feldern ebenfalls Kartoffeln an. König Friedrich der Große war zufrieden.

2 Beantworte die Fragen. Die Markierungen im Text helfen dir dabei.

Wann regierte König Friedrich der Große das Land Preußen?

Woher kam die Kartoffel nach Europa?

3 Beantworte die Fragen in ganzen Sätzen. Lies dazu die angegebenen Zeilen genau.

- Warum schlichen sich die Menschen nachts auf die Felder? Zeile 28–35
- Was muss man tun, damit die Kartoffel essbar wird? Zeile 36–38

Stichworte nutzen

1 Lies den Text. Wähle eine Jahreszeit. Notiere die farbigen Stichworte.

Im **Frühjahr** werden keimende Kartoffeln in die Erde gelegt. Nach ungefähr vier Wochen durchstoßen die Keime den Boden. Unter der Erde wachsen jetzt viele Wurzeln. An ihren Enden bilden sich Kartoffelknollen.

Im **Sommer** blüht die Kartoffelpflanze. Die Blüten sind weiß, rosa oder violett. Daraus entwickeln sich giftige Beeren. Auch alle anderen Pflanzenteile über der Erde sind giftig.

Im **Herbst** wird das Kartoffelkraut über der Erde welk. Die Kartoffelknollen unter der Erde sind jetzt reif. Sie können geerntet werden. Aus einer alten Knolle wachsen 10–15 neue Kartoffeln.

Im **Winter** sollten Kartoffeln im Keller gelagert werden. Dort ist es kühl und dunkel. Wenn der Keller zu warm ist, keimen die Kartoffeln. Bei zu viel Licht werden sie grün und bilden das giftige Solanin.

Meine Jahreszeit: ______________________________

– ______________________________

– ______________________________

____

____

2 Erzählen, was du über deine Jahreszeit gelesen hast. Die Stichworte helfen dir dabei.

3 Schreibe und erzähle auch zu anderen Jahreszeiten. **Oder:** Markiere Stichworte zum Winter und schreibe sie auf. Erzähle einem Kind, was du gelesen hast.

Ein Schaubild lesen

1 Lies den Text und sieh dir das **Schaubild** an.

Kartoffeln sind gesund und halten uns lange satt.
Deshalb gehören sie zu unseren Grundnahrungsmitteln.
Andere Grundnahrungsmittel sind Wasser, Obst, Gemüse,
Getreide, Fisch, Fleisch und Eier.
Das Schaubild zeigt, wie wir uns jeden Tag gesund ernähren können.

1 Kästchen = 1 Portion (1 Handvoll)

grün = Freie Fahrt! **gelb** = Achtung! **rot** = Bremsen!

2 Kreuze die richtigen Antworten an.

Wovon sollst du täglich die größte Menge zu dir nehmen?	☐ Milch	☐ Wasser
Wie viele Portionen Obst sollst du jeden Tag essen?	☐ fünf	☐ zwei
Wovon sollst du jeden Tag viel essen?	☐ Gemüse	☐ Fleisch

3 Kartoffeln sind gesund. Was ist mit Pommes frites? Erkläre.

Einen Text mit der Stimme gestalten

1 Lest den Text. Was bedeuten diese Wörter?

Stecken: ____________ Bube: ____________

Erdäpfel: ____________

Gebratene Steine

Am Rande der Wiese saßen drei Menschenjungen, die hatten ein Feuerchen angemacht und warfen von Zeit zu Zeit faustgroße gelbe Kieselsteine hinein. Nach einer Weile holten sie dann die Steine mit ihren Stecken wieder heraus und aßen die Steine auf. Darüber wunderte sich der kleine Wassermann sehr. Kurz entschlossen verließ er das Schilf, überquerte die Wiese und fragte die Buben am Feuer:
„Lasst ihr mich mal davon kosten? Ich habe nämlich mein Lebtag noch keine gebratenen Steine gegessen."
„Wir auch nicht", gaben die Buben zur Antwort.
„Aber ich habe doch selber gesehen, dass ihr welche gegessen habt!", sagte der kleine Wassermann.
„Es sind wohl besondere Steine, die ihr da bratet?"
Da verstanden die Menschenjungen erst, was er meinte. Und sie mussten so schrecklich darüber lachen, dass sich die Kühe verwundert nach ihnen umschauten.
„Was?", rief der eine Junge. „Gebratene Steine?"
„Das sind doch Erdäpfel!", riefen die beiden anderen.
„Kennst du denn keine Erdäpfel?"
„Nein, woher soll ich die kennen", sagte der kleine Wassermann.
„Erdäpfel heißen die Dinger?"
Der eine Junge scharrte mit seinem Stecken auch gleich ein paar Kartoffeln aus der heißen Asche.
Der kleine Wassermann wusste nicht recht, ob er zubeißen sollte. Er schnupperte erst noch ein Weilchen an seiner Kartoffel herum. Aber weil sie gar so verlockend duftete, dachte er:
Wenn das den Menschenjungen nichts schadet, wird es auch mich nicht gleich umbringen. Also, versuchen wir's ...
Vorsichtig biss er hinein.
„Na, und wie schmeckt es denn?", wollten die Jungen nun wissen.
„Nach mehr!", rief der kleine Wassermann schmatzend.
„Wer hätte gedacht, dass gebratene Steine so gut sind!"

Otfried Preußler

2 Übt, die Geschichte mit verteilten Rollen vorzulesen:
kleiner Wassermann, ein Junge, die anderen Jungen, Erzähler.
Lest eure Sätze mit verschiedener Lautstärke und Betonung.

Nehmt den Text als Hörspiel auf.

Treffende Verben finden

1 Welches Wort passt nicht zu den anderen? Streicht es durch.

~~fahren~~ • kochen • braten • backen • frittieren

pellen • rennen • hacken • schälen • schneiden

kauen • essen • schmecken • baden • schlucken

verrühren • aufspießen • zerkleinern • umdrehen • erinnern

2 Markiere in jedem Satz das passende Verb.
Schreibe dann den Text richtig ab.

Ich nehme / lese eine Kartoffel.

Ich werfe / spieße die Kartoffel auf drei Holzstäbchen.

Ich verstecke / hänge die Kartoffel mit den Holzstäbchen in ein Glas mit Wasser.

Ich lege / stelle das Glas mit der Kartoffel an einen hellen Ort.

Ich beobachte / vergesse jeden Tag genau, was passiert.

Ich nehme

3 Lies den Text. Ersetze in jedem Satz das farbige Verb durch ein treffenderes Verb aus dem Kasten. Schreibe die Sätze auf.

Die Kartoffel ist auf einem Spieß.
Sie ist zum Teil im Wasser.
Die Kartoffel hat Triebe.
Daran sind die Blätter der Kartoffelpflanze.
Es sind viele Wurzeln im Wasser.

liegt • bekommt
steckt • wachsen
entstehen • steht
bildet • finden • hängt

Die Kartoffel steckt auf

4 Seht euch die Bilder an. Überlegt euch zu jedem Wortfeld möglichst viele verschiedene treffende Verben.

sehen

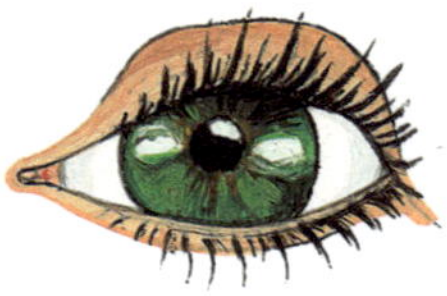

sprechen

starren,

murmeln,

Ein Rezept aufschreiben

1 Seht euch die Bilder an. Erzählt zu jedem Bild abwechselnd, welche Zutaten man braucht und was man tun muss.

Bunter Kartoffelsalat

Zutaten für 10 Personen:
20 Kartoffeln, 4 Eier, 4 Essiggurken, ein kleines Glas Majonnaise, Pfeffer, Salz

1

2

3

4

5

2 Notiert euch nach dem Erzählen zu jedem Bild Stichworte.

3 Schreibe das Rezept zu den Bildern von Seite 35 wie im Tipp auf.
Achte auf die richtige Reihenfolge und passende Satzanfänge.

Bunter Kartoffelsalat

Zutaten:

Tipp

Zutaten: …
Arbeitsschritte:
Zuerst kocht man die …
Dann …
Danach …
Anschließend …
Nun …
Zum Schluss …
Guten Appetit!

4 Lies dein Rezept einem Partnerkind vor.
Hast du den Tipp beachtet? Verbessert, falls es notwendig ist.
Nehmt dazu eine andere Farbe.

Probiert das Rezept in der Klasse aus.

Verben

1 Welche Verben gehören zusammen? Markiere sie in der gleichen Farbe.

kochen	erklären	essen	fallen	wachsen	backen	drehen
dreht	kocht	isst	backt	wächst	erklärt	fällt

2 Lies den Text. Schreibe die markierten Verben in der ich-Form auf.
Ergänze die Grundform.

Zuerst wasche ich meine Kartoffel und reibe sie trocken.
Nun teile ich die Kartoffel in zwei Hälften.
Ich zeichne auf die glatte Fläche ein Dreieck.
Mit einem Messer schneide ich vom Rand bis zu den Linien alles weg.
Nur mein Dreieck steht noch!
Als Nächstes male ich Farbe auf das Dreieck.
Dann drücke ich die Kartoffel auf ein Blatt.
Schon leuchtet dort ein Dreieck!

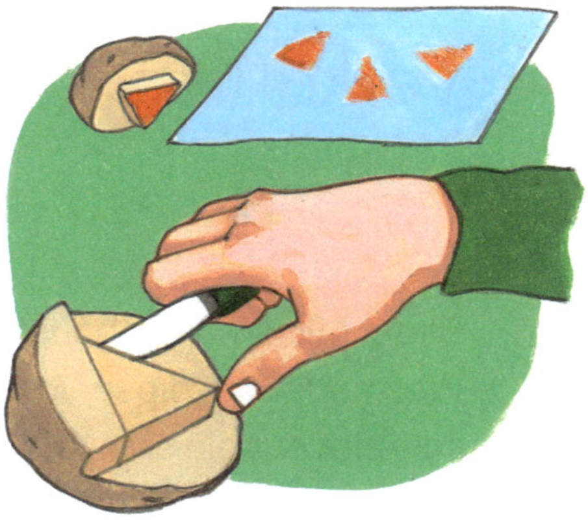

ich wasche – waschen,

3 Finde in der Wörterliste vier Verben in der Grundform.
Schreibe sie auf und markiere die Endung **en**.

Spielt euch gegenseitig Verben von dieser Seite als Pantomime vor.
Ein Kind spielt vor, die anderen Kinder raten.

Merksatz

Wörter, die sagen, was man tut oder was geschieht, nennt man Verben.
Verben können in der Grundform oder in einer Personalform stehen.
waschen – ich wasche   teilen – ich teile   schneiden – ich schneide

Wortbausteine verändern Verben

1 Sieh dir die Bausteine an. Welche Verben kannst du bilden? Schreibe sie auf.

verkaufen,

2 Bildet mit den Wortbausteinen neue Verben.
Was bedeuten diese Verben? Tauscht euch aus und schreibt nur die sinnvollen Verben auf.
Achtung! Drei Verben ergeben keinen Sinn.

ab	weg	aus	**gießen**	zu	ab	vor	**kochen**
aus	ab	ver	**trinken**	aus	zu	ver	**schütten**
an	um	unter	**rühren**	ver	an	zer	**bringen**

abgießen,

3 Schreibe fünf Sätze. Verwende dabei Verben aus Aufgabe 2.

Merksatz

Wortbausteine verändern die Bedeutung von Verben.
*kaufen, **ein**kaufen, **ver**kaufen*

Wörter mit doppelten Mitlauten

1 Lies die Speisekarte. Markiere alle Wörter mit doppelten Mitlauten.
Wie klingt der Selbstlaut vor dem doppelten Mitlaut? Mache die Lang-Kurz-Probe.

Kartoffelsuppe	3,50 €
Pellkartoffeln mit Butter	4,20 €
dünne Kartoffelpuffer mit Apfelmus	4,00 €
Bratkartoffeln mit Salz und Pfeffer	4,40 €
Pizza spezial mit viel Gemüse	4,20 €
Vanillepudding	3,00 €
Schokoladeneis	3,00 €
Apfelsaft	2,00 €
Mineralwasser	1,50 €

2 Schreibe alle Wörter mit doppelten Mitlauten auf. Markiere die kurzen Selbstlaute mit einem **.**. Markiere die doppelten Mitlaute.

Kartoffelsuppe,

3 Finde in der Wörterliste zehn Verben mit doppelten Mitlauten.
Oder: Finde unter **B b** zehn Wörter mit doppelten Mitlauten.
Markiere die kurzen Selbstlaute und die doppelten Mitlaute.

Merksatz

Hört man nach einem kurzen Selbstlaut (Vokal) nur einen Mitlaut (Konsonanten), dann wird dieser Mitlaut (Konsonant) verdoppelt.
Butter, Pfeffer

Wörter mit V oder v M

1 Lies den Text. Sprich die farbigen Wörter besonders deutlich.

Es ist November. Der Schulhof ist voll mit Kindern und Eltern. Schon vor vierzehn Uhr sind alle zur Schule gekommen.
Denn die Klasse 3b feiert ein Kartoffelfest.
Erst gibt es eine Vorführung vorne auf der Bühne.
Dann berichten die Kinder von Experimenten rund um die Kartoffel.
Gemeinsam haben Kinder und Väter der 3b viele leckere Kartoffelgerichte vorbereitet.
Alles schmeckt vorzüglich! Alle müssen eine kleine Verschnaufpause einlegen, bevor sie gleich versuchen, das Kartoffelfeuer vorsichtig zu entzünden.

2 Ordne die Wörter mit **V** oder **v** aus dem Text und die Wörter aus dem Kasten richtig zu. Markiere **V** und **v**.

Kurve • Verkehr • nervös • Vulkan • Advent • Pullover
Verbot • vielleicht • Olive • Vitamine • Vorschlag

v wie  voll, ____________________

____

____

____

____

v wie  November, ____________________

____

Schreibe einem Partnerkind zehn Wörter mit **V** oder **v** auf Papierstreifen.
Tauscht eure Wörter. Schreibt ein Wendediktat.

AH, FH, FB S. 21

Länge des Selbstlautes prüfen

Lang/kurz?

Mache die **Lang-Kurz-Probe**:
Sprich das Wort **mit langem Selbstlaut**. Mache dazu einen Strich auf deinem Arm.
Sprich das Wort **mit kurzem Selbstlaut**. Tippe auf den Arm.
Wie klingt es richtig?

Sprich das Wort **noch einmal** so, wie es richtig klingt. Mache die passende Bewegung dazu.
Markiere die Wörter so:
Langer Selbstlaut: __
Kurzer Selbstlaut: .

1 Klingt der **Selbstlaut** lang oder kurz? Mache die Lang-Kurz-Probe.

Straße • Bild • Brot • drucken • Tasse • Schrank • schnell • warten • Gabel
kaputt • Teller • Regen • sitzen • voll • Heft • graben • Schule • Hummel

2 Ordne die Wörter aus Aufgabe 1 richtig zu. Markiere den langen Selbstlaut mit einem __ und den kurzen Selbstlaut mit einem . .

_: Straße,

.: Bild,

3 Macht die Lang-Kurz-Probe. Was fällt euch auf?

Schall • kam • Betten • fühlen • Ratten

STARK: Alle Strategien üben

1 Lies den Text. Sieh dir die Fehlerwörter genau an.

viele Ⓜ

Wir haben fiele rezepte geschrieben.

Der Kartoffelsalat war tol. Mein

Lieblingsgericht ist Pelkartoffel mit Quak.

Kartofeln sind gesunt, aber Schips leider

nicht so ser.

2 Sprecht über jedes Fehlerwort. Wie wird es richtig geschrieben? Welche Strategie hilft euch?

3 Schreibe jedes Fehlerwort richtig auf. Nutze dazu die freien Zeilen. Schreibe auch die passende Strategie dazu.

4 Schreibe den Text richtig ab. Ergänze einen Schlusssatz.

AH, FH, FB S. 23

Das kann ich schon

Rechtschreibtraining

Jeden Tag essen wir verschiedene Lebensmittel. Unser Teller soll voll mit Kartoffeln, Obst und Gemüse sein. Vitamine sind wichtig.
Auch Spaghetti, Brot, Milch und Fleisch verspeisen wir gern. Dazu müssen wir immer viel Wasser trinken. Mit Fett und Zucker müssen wir vorsichtig sein.
Sie sind für unseren Körper nicht so gesund.
Aber Pizza und Chips schmecken doch so gut!

Wörter mit doppelten Mitlauten

1 Mache die Lang-Kurz-Probe. Ordne die Wörter richtig zu. Markiere den langen Selbstlaut mit einem _ und den kurzen Selbstlaut mit einem . .

_: Flöte, ____________________

____

____

.: Sonne, ____________________

____

____

Übungswörter

das Fett
die Kartoffel
die Lebensmittel
die Pizza
die Spaghetti
der Teller
die Vitamine
der Zucker
essen
lassen
müssen
schmecken
verspeisen
verschieden
viel

die Chips
immer
voll
vor
vorsichtig

Diese Seite fand ich:
○ leicht ○ mittel ○ schwer

Wörter mit V oder v

2 Schreibe die Wörter richtig auf. Markiere **V** und **v**.

v wie  NovemberPullovernervösKurveVitamineVerbenviolettKlavier

v wie  vielverlierenVerbotvornebravVaterVerkehrvonvierVorschlagvom

November,

viel,

3 Wähle fünf Wörter mit **V** oder **v**, die du besonders schwer findest.
Schreibe jedes Wort fünfmal auf.
Schreibe die Merkstelle in einer anderen Farbe.

Diese Seite fand ich:
○ leicht ○ mittel ○ schwer

Verben

4 Finde die sechs Verben im Text und markiere sie.
Schreibe dann die Verben wie im Beispiel auf.

Tim spielt mit Jonas im Garten.

Er holt einen Ball.

Jonas schießt den Ball sehr fest.

Leider fängt Tim den Ball nicht.

Der Ball fliegt in den Garten des Nachbarn.

Dort landet er im Teich. So ein Pech!

er spielt – spielen, ____________

____

____

____

____

5 Ergänze die treffenden Verben.

Lena geht ____________ von der Schule nach Hause.

Sie ____________ ihre Freundin Fatma

auf der anderen Straßenseite.

Laut ____________ Lena: „Hallo Fatma!“

Fatma ____________ Lena und ____________ fröhlich.

Sie ____________.

Und dann ____________ Fatma und Lena zusammen weiter.

wartet
ruft
hört
geht
laufen
sieht
winkt

Diese Seite fand ich:
○ leicht ○ mittel ○ schwer

Wortbausteine verändern Verben

6 Welche Verben kannst du sinnvoll bilden? Schreibe sie auf.

ab · an · aus · vor · zu

sagen · schneiden · spielen

absagen,

7 Schreibe nur die sinnvollen Verben auf.
Achtung! In jeder Zeile steht ein Verb, das keinen Sinn ergibt.

anhalten • ~~überhalten~~ • aushalten • behalten
abschenken • verschenken • einschenken
ausgeben • zergeben • angeben • vergeben

anhalten,

Alle Strategien üben

Markiere die Fehlerwörter. Schreibe die passenden Strategiezeichen darüber.

Ⓜ
Opst und gemüse essen wir fiel. (3)

Schreibe nun den ganzen Satz richtig auf.

Diese Seite fand ich:
○ leicht ○ mittel ○ schwer

Fledermäuse

jagen

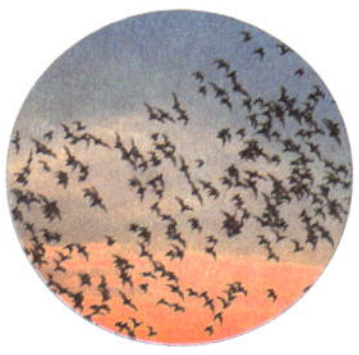
● Abend

● Flügel

nachtaktiv

hängen

● Detektor

● Insekt

nackt

überwintern

● Fledermauskasten

● Skelett

schwarz

flattern

Übe die Wörter auf der Rückseite.

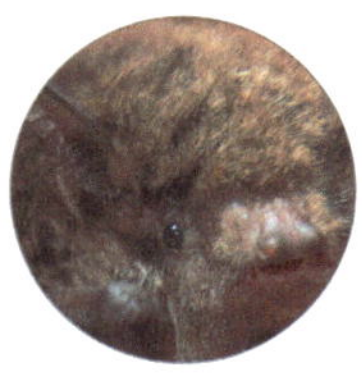
behaart

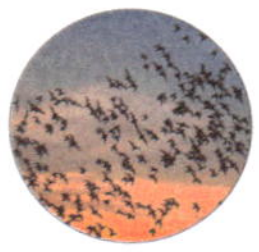

Kontrolliere mit der Vorderseite.

Alles richtig? ☐

Hier schreibe ich Wörter, Texte, Ideen und Fragen zum Bild auf.

Eine Liste und ein Plakat lesen

Fledermausarten in Deutschland

- Braunes Langohr
- Fransenfledermaus
- Kleine Hufeisennase
- Großer Abendsegler
- Kleine Bartfledermaus
- Großes Mausohr
- Mopsfledermaus
- Teichfledermaus
- Wasserfledermaus
- Zwergfledermaus

Welche Fledermausarten sind auf den Fotos?

Geheimnisvolle Flugkünstler der Nacht

Sobald es dunkel wird, verfolgst du die Spuren der Fledermäuse!
Du kannst die scheuen Tiere bei der Jagd beobachten.
Gemeinsam werden wir die Laute der Fledermäuse mit dem Ultraschall-Detektor hörbar machen.
Wo und wie leben die Fledermäuse? Was fressen sie? Saugen sie wirklich Blut?
Diese und andere spannende Fragen werden dir bei der Fledermauswanderung der Naturschutzgruppe beantwortet.

Treffpunkt: Bei der alten Eiche am Naturzentrum
Donnerstag, 20.30 Uhr
Passende Kleidung und feste Schuhe nicht vergessen!

Ein Kinderbuch lesen

Die Zwergfledermaus

Man sieht sie nicht, man hört sie nicht, aber man spürt, dass sie da sind. Diese rätselhaften Tiere, die das nächtliche Himmelszelt bevölkern. Ihr Flügelschlag ist geräuschlos, und ihr Ruf ist für unsere Ohren nicht zu hören. Die Fledermaus ist das einzige fliegende Säugetier der Erde. Die Tiere haben keine Federn, sondern ein Fell, und ihre Flügel bestehen aus Haut, die zwischen ihre Finger gespannt ist.

Im Herbst, wenn wir Menschen an fallende Blätter denken, gehen die Fledermäuse auf Liebesjagd. Die Männchen und Weibchen finden in einem Kirchturm oder auf dem Dachboden einer Schule zueinander. Danach trennen sich ihre Wege wieder. Das Weibchen ist dann nicht schwanger, nein, sie passt gut auf, es ist noch viel zu früh, um Kinder zu bekommen. Den ganzen Winter hindurch hält sie die Samen ihres Mannes in ihrem Bauch fest, bis es Frühling wird. Dann erst lässt sie den Dingen ihren Lauf.

Kurz vor der Geburt ihres einzelnen Nachkömmlings sucht sie zusammen mit etwa hundert anderen Weibchen einen geeigneten Ort, um ihr Kind zu bekommen. Und weil Fledermäuse es lieben umzuziehen, flattern sie von Ort zu Ort, auch wenn sie ein Junges haben.

Gut möglich, dass an einem Sommerabend ein Dutzend Fledermausweibchen – winzig kleine Babys an den Bauch geklemmt – an deinem Fenster vorbeistreift, während du tief und fest schläfst. Niemand sieht es. Aber zu wissen, dass es passiert, ist schon bezaubernd genug.

Bibi Dumon Tak / Fleur van der Weel ◇

Was findest du an der Zwergfledermaus besonders interessant?

Stichworte in einem Sachtext finden

1 Lies den Text. Schreibe die markierten Stichworte auf die Karte.

Fledermäuse können sehr gut fliegen. Trotzdem sind sie keine Vögel. Sie gehören zu den Säugetieren und sind die einzigen Säugetiere, die richtig fliegen können. Die Flügel werden von einer unbehaarten Flughaut gebildet. Die spannt sich zwischen den Körperseiten, den Unterarmen und den stark verlängerten Knochen der Finger. Nur der Daumen und die Füße befinden sich außerhalb der Flughaut. Der Körper hat ein dichtes Fell und er erinnert tatsächlich an das Aussehen von Mäusen.

2 Lies den Text. Finde wichtige Stichworte mithilfe des Tipps.

Die Fledermaus ist ein Nachttier. In der Dunkelheit geht sie auf die Jagd nach Insekten. Sie frisst Mücken, Käfer oder Nachtfalter. Tagsüber versteckt sie sich in Höhlen oder Baumhöhlen. Oft findet sie Unterschlüpfe, die von Menschen gemacht sind: Dachböden oder Ruinen. Dort schläft sie mit dem Kopf nach unten. Dazu hängt sie sich mit ihren Füßen an die Decke.

Tipp

So kommst du zu Stichworten:
- Streiche beim ersten Lesen kleine Füllwörter durch, zum Beispiel **und**, **als**, **sind**.
- Lies ein zweites und ein drittes Mal.
- Streiche noch mehr unwichtige Wörter weg. Nur wichtige Wörter sollen übrig bleiben.
- Markiere diese Stichworte.

3 Schreibe die Stichworte untereinander auf eine Karte.

4 Erzähle mit den Stichworten, was du in diesem Text erfahren hast. Sprecht darüber: Haben dir die Stichworte geholfen? Konnte dein Partnerkind dich verstehen?

Stichworte finden und anwenden

1 Teilt euch den Text auf. Ein Kind liest Teil A, das andere Kind Teil B.

Fledermäuse sehen mit den Ohren

A Fledermäuse jagen in der Nacht Insekten. Mit ihren Augen können sie hell und dunkel unterscheiden. Manche Arten erkennen sogar Bewegungen oder größere Beutetiere. Für die schnelle Jagd nach kleinen Insekten reicht das aber nicht aus. Damit sie erfolgreich jagen und nicht gegen Hindernisse stoßen, benutzen Fledermäuse nicht ihre Augen, sondern ihre Ohren.

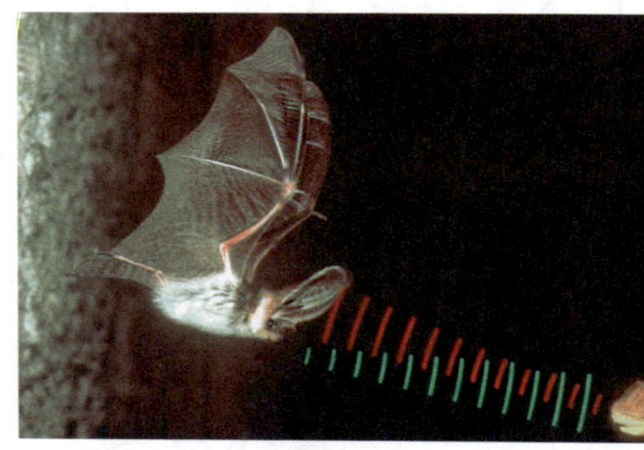

B Die Fledermaus stößt durch ihren Mund oder ihre Nase ganz hohe Töne aus. Menschen können diese Töne nicht hören. Man nennt sie Ultraschall-Töne. Die Töne setzen Luftwellen in Bewegung. Wenn diese Wellen auf ein Insekt oder einen Gegenstand treffen, werden sie wie ein Echo zurückgeworfen. Die großen Fledermausohren hören das Echo. Die Fledermaus erkennt am Echo, wie weit das Insekt entfernt ist. Sie fliegt zum Insekt und fängt ihre Beute.

2 Überlege für deinen Teil, welche Wörter wichtig und welche Wörter unwichtig sind. Streiche die unwichtigen Wörter weg. Nur wichtige Stichworte sollen übrig bleiben.

3 Schreibe die Stichworte hier auf.

4 Erzählt euch mithilfe der Stichworte, was ihr erfahren habt.

AH, FH, FB S. 26

Gewusst wie: Einen Vortrag vorbereiten

Sammle Informationen zu deinem Thema. **Schreibe** dir wichtige **Stichworte** auf. **Sortiere** sie in eine sinnvolle Reihenfolge.

Bilde aus den Stichworten mündlich **Sätze**. **Übe** den Vortrag vor einem Spiegel. Übe mehrmals, bis du die Sätze zu deinen Stichworten **frei sprechen** kannst.

Sprich **langsam**, **laut** und **deutlich**. **Mache** zwischendurch kleine **Pausen**. **Sieh** deine Zuhörer immer wieder **an**.

Sammle passende **Bilder** oder **Gegenstände** zu deinem Vortrag. Überlege, an welcher Stelle du sie zeigen kannst.

Trage deinen Vortrag **zur Übung** jemandem **vor**.
Lass dir eine Rückmeldung geben, was gelungen ist und was du noch verbessern kannst.

Was ist wichtig, wenn du einen Vortrag hältst?
Kreuze an.

- ☐ Ich spreche langsam, laut und deutlich.
- ☐ Ich sehe meine Zuhörer an.
- ☐ Ich bereite mich nicht vor.
- ☐ Ich übe zu Hause.
- ☐ Ich überlege mir eine sinnvolle Reihenfolge für meine Stichworte.
- ☐ Auf Bilder oder Gegenstände kann ich gut verzichten.

1 Ordne die Stichworte zum Großen Abendsegler den vier Karten mit den Oberbegriffen zu. Markiere die Kästchen in den passenden Farben.

Aussehen | Lebensraum | Nahrung | Verhalten

Käfer | lebt in Baumhöhlen | rötliches Fell | in Parks

Flügelspannweite: zwischen 30 und 40 cm | Insekten | dunkle Flughäute

in Wäldern | kleine runde Ohren | Nachtfalter

fliegt oft schon vor Sonnenuntergang | in ganz Deutschland

versteckt sich vor Mardern und Greifvögeln | Körper: 8 bis 10 cm

2 Bilde aus den Stichworten mündlich Sätze.

Ich stelle euch heute …

Der Lebensraum des Großen Abendseglers ist …

3 Sprecht euch den Satz abwechselnd verschieden vor.
Wann konntest du den Satz gut verstehen, wann nicht so gut? Kreuze an.

Der Große Abendsegler hat eine Flügelspannweite zwischen 30 und 40 cm.

☐☐ laut ☐☐ leise ☐☐ schnell ☐☐ langsam

☐☐ übertrieben deutlich ☐☐ übertrieben undeutlich

4 Sprecht den Satz abwechselnd. Betont jedes Mal das farbige Wort.
Was fällt euch auf?

Zu seinen **Feinden** gehören vor allem Marder und Greifvögel.

Zu seinen Feinden **gehören** vor allem Marder und Greifvögel.

Zu seinen Feinden gehören **vor allem** Marder und Greifvögel.

Zu seinen Feinden gehören vor allem **Marder und Greifvögel**.

5 Schreibe die Stichworte aus Aufgabe 1 geordnet auf.
Übe den Kurzvortrag über den Großen Abendsegler mithilfe der Stichworte, zum Beispiel vor dem Spiegel oder vor einem Partnerkind.

Eine Mind-Map schreiben

1 Sieh dir die **Mind-Map** an. Was ist das Thema?

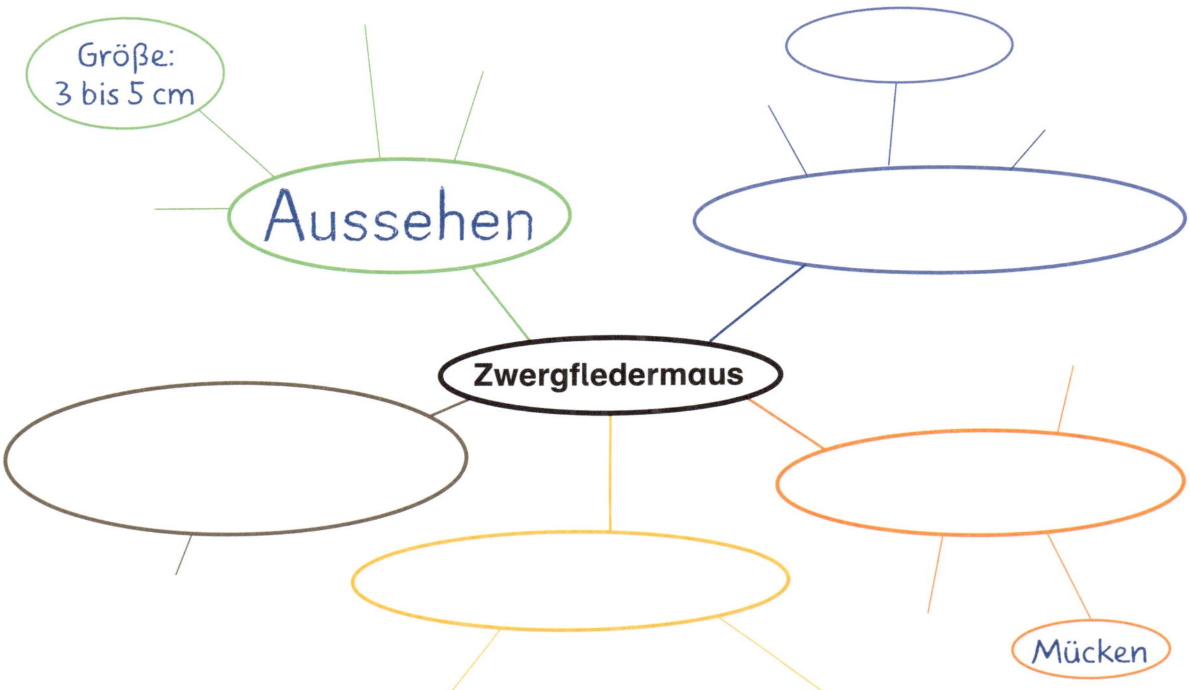

2 Trage diese Oberbegriffe in die Mind-Map ein.

Aussehen | Lebensraum | Nahrung | Verhalten | Fortpflanzung

3 Markiere die Stichworte in den Farben der passenden Oberbegriffe.

Größe: 3 bis 5 cm | kurzes, braunes Fell | kleine, spitze Ohren | Mücken | kleine Insekten | Gewicht: 3 bis 8 g | fliegt schnell und wendig | Fliegen | Sommerquartiere: Mauerritzen, Dachböden | ein bis zwei Junge im Juli | lebt in Dörfern und Städten | Winterquartiere: Keller, Mauerspalten | Junge werden 4 Wochen gesäugt

4 Übertrage die Mind-Map auf ein großes Blatt.
Trage alle Stichworte aus Aufgabe 3 ein.

5 Schreibe mithilfe deiner Mind-Map einen Text über die Zwergfledermaus. **Oder:** Fertige eine Mind-Map zu einem Tier deiner Wahl an. Schreibe dann einen Sachtext zu deinem Tier.

Ein Informationsplakat gestalten

1 Sieh dir das **Informationsplakat** an. Lies die Hinweise.

Schreibe mit Bleistift vor oder schreibe die Texte auf extra Blätter, die du dann aufklebst.

Schreibe die Überschrift groß und gut lesbar auf.

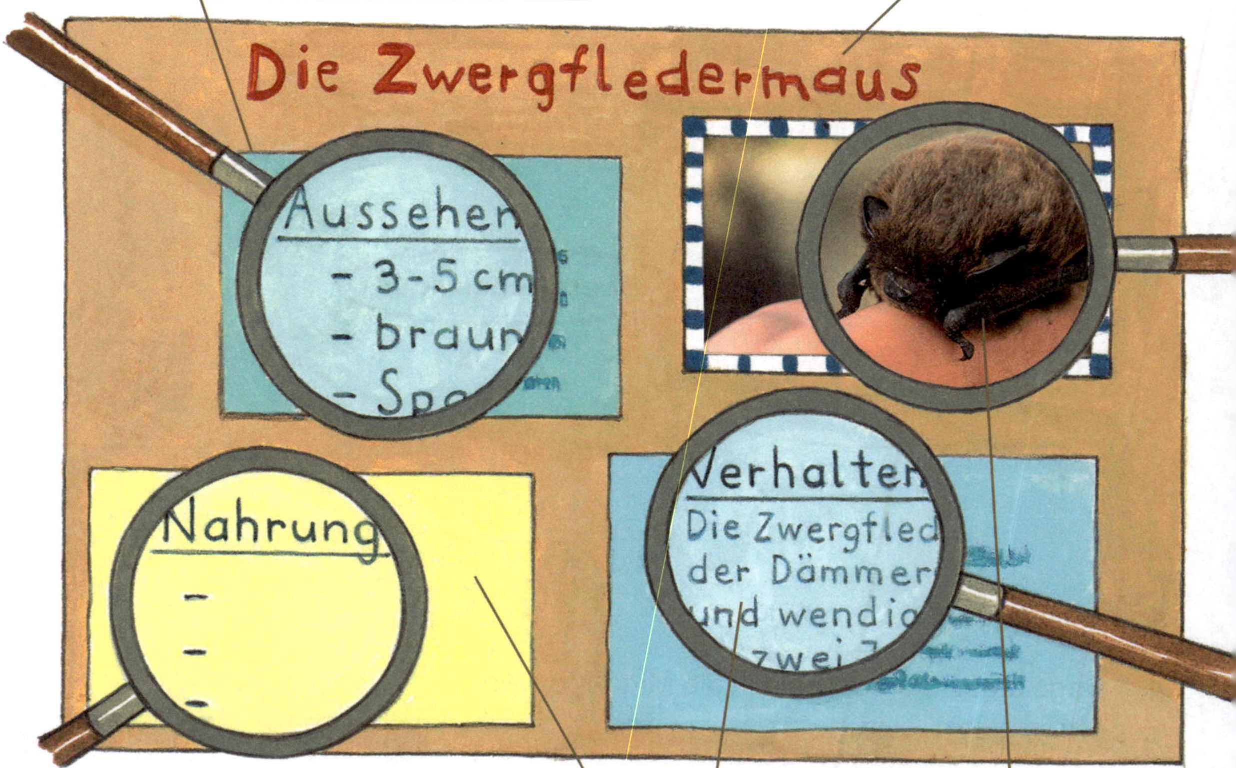

Überlege dir, bevor du losschreibst, wie du die Bilder und die Texte anordnen willst.

Wähle einige passende Bilder aus.

Schreibe zu den Oberbegriffen Stichworte oder einen kleinen Text auf.

2 Was ist wichtig, wenn du ein Informationsplakat gestaltest? Kreuze an.

- ☐ Ich schreibe vor, damit ich keine Fehler auf dem Plakat habe.
- ☐ Bevor ich losschreibe, überlege ich mir, wie ich die Bilder und Texte anordnen will.
- ☐ Ich darf keine Bilder aufkleben.

Überprüfe deine Rechtschreibung und verbessere, falls nötig.

3 Gestalte mit den Informationen von Seite 53 ein Plakat über die Zwergfledermaus. **Oder:** Gestalte zu einem anderen Tier ein Informationsplakat.

Verben: Grundform, Personalform

1 Lies den Text. Setze dabei die Verben richtig ein.

liege • beobachte • entdecke • fliegt
gibt • flattern • sehe • klettert • kommt
hält • suchen • findest

Ich liege im Gras neben

einem alten Baum und __________

Fledermäuse. Ich __________

eine Fledermaus. Sie __________ zu

einer Straßenlaterne. Es __________ dort viele Insekten.

Sie __________ zum Licht.

Plötzlich __________ ich noch eine Fledermaus.

Sie __________ aus dem Loch im Baum.

Da __________ Tim.

Er __________ eine Taschenlampe in der Hand.

Wir __________ noch mehr Fledermäuse am Himmel.

__________ du auch welche?

Merksatz

Verben können in der Grundform oder in einer Personalform stehen.

Grundform	Personalformen	
fliegen	***ich** flieg**e***	***wir** flieg**en***
	du** flieg**st	***ihr** flieg**t***
	er** flieg**t**, **sie** flieg**t**, **es** flieg**t	***sie** flieg**en***

2 Ordne den Personalformen aus Aufgabe 1 die Grundformen zu.

Personalform	Grundform
ich liege	liegen
ich beobachte	

3 Schreibe das Verb **liegen** in allen Personalformen auf. Finde ein weiteres Verb. Schreibe es in allen Personalformen auf.

liegen: ich liege, du

Wortstamm und Wortfamilie

1 Lies den Text. Wo leben Große Mausohren im Sommer?

Das Große Mausohr

Die größten in Deutschland lebenden Fledermäuse sind die Großen Mausohren. Sie haben große mausartige Ohren und einen weißen Bauch. Ihr Lebensraum ist Mittel- und Südeuropa. In warmen Ländern wohnen sie das ganze Jahr über in Höhlen. In Deutschland leben sie im Sommer auf Dachböden. Ihren Winterschlaf verbringen Große Mausohren, indem sie in Gruppen wie leblos von Höhlendecken hängen. Große Mausohren ernähren sich hauptsächlich von Käfern, aber auch von anderen kleinen Lebewesen. Diese jagen sie auf Feldern und Wiesen. Im letzten Jahrhundert konnten die Großen Mausohren nur schwer überleben, da ihre Beute durch Insektengift zerstört wurde. Die Lebensdauer der Großen Mausohren beträgt 4 bis 5 Jahre. Einzelne Tiere werden sogar über 20 Jahre alt.

2 Finde im Text sieben Wörter mit dem Wortstamm **leb**.
Markiere den Wortstamm.

3 Ordne die Wörter nach ihren Wortfamilien. Markiere den Wortstamm.

schützen • schutzlos • gejagt • Naturschutz • Schutz • verjagen
Jägerin • schutzbedürftig • Jagd • geschützt • Jagdhund • Jägerei

schutz: schützen,

jag:

4 Finde Wörter mit dem Wortstamm **such**.

Merksatz

Jedes Wort hat einen Wortstamm.
Wörter mit dem gleichen Wortstamm bilden eine Wortfamilie.
Zu einer Wortfamilie können verschiedene Wortarten gehören.
leben, der Lebensraum, leblos

Verben im Wörterbuch finden

1 Schlage die Verben in der Grundform im Wörterbuch nach.

fangen: S. ______ jagen: S. ______ hören: S. ______

halten: S. ______ finden: S. ______ schlafen: S. ______

fliegen: S. ______ flattern: S. ______ verfolgen: S. ______

Ich finde **sie fliegt** nicht im Wörterbuch!

Da musst du erst die Grundform finden!

Manchmal musst du auf den zweiten oder den dritten Buchstaben achten.

2 Schlage die Grundform der Verben im Wörterbuch nach.

sie hängt – hängen : S. ______ es schützt – ______ : S. ______

sie saugt – ______ : S. ______ er kommt – ______ : S. ______

3 Schlage auch für diese Verben die Grundform im Wörterbuch nach.

er fällt – fallen : S. ______ du lockst – ______ : S. ______

er rät – ______ : S. ______ du kaufst – ______ : S. ______

er wirft – ______ : S. ______ sie spricht – ______ : S. ______

Merksatz

Im Wörterbuch stehen Verben in der Grundform.
Schwierige Personalformen stehen hinter der Grundform.

P
Q
R

(absichtlich bereitete Schwierigkeit), schikanieren
der **Schild,** die Schilde

schla|fen, sie schläft, sie schlief, hat geschlafen, → W *schlafen,* der Schlaf, schläfrig

AH, FH, FB S. 30

b oder p, d oder t, g oder k? ↔

1 Finde die Wortpaare und verbinde sie.

Paket	gelb	Hund	Sand	gräbt	merkt	denkt	Urlaub
Urlaube	Hunde	merken	Pakete	denken	graben	gelbe	sandig

2 Finde zuerst verwandte Wörter. Trage dann die richtigen Buchstaben im Bild ein.

Wand ←d→ Wände,

3 Finde zu den Verben in der Grundform die passende Personalform mit **er** oder **es**.

jagen • fliegen • hängen • bleiben • fangen
leben • klingen • verfolgen • saugen • wiegen

er jagt ←g→ jagen,

4 Umkreise den richtigen Buchstaben. Suche dazu verwandte Wörter. Streiche den falschen Buchstaben durch und schreibe das Wort richtig auf.

er fun$^{g}_{k}$t	er funkt	es kle$^{b}_{p}$t	
er lo$^{b}_{p}$t		sie pro$^{b}_{p}$t	
er ü$^{b}_{p}$t		sie to$^{b}_{p}$t	
er glau$^{b}_{p}$t		er bie$^{g}_{k}$t	
sie stir$^{b}_{p}$t		sie lie$^{b}_{p}$t	
er schwe$^{b}_{p}$t		er fra$^{g}_{k}$t	
sie sa$^{g}_{k}$t		er schie$^{b}_{p}$t	

Nomen großschreiben

Groß/klein?

Nomen schreibst du groß.
So erkennst du Nomen:
Ein Nomen ist der **Name für Menschen, Tiere**, **Pflanzen und Dinge**.
Nomen haben Begleiter.
Du kannst den Artikel
● **der**, ● **die** oder ● **das** davorsetzen.
Viele Nomen kannst du in die **Mehrzahl** setzen.
Auch **Namen für Gefühle** sind Nomen.

Nomen für Gefühle

1 Ordne die Gefühle den Bildern zu. Trage die Nummern in die Kästchen ein.

1

2

3

4

5

6

[4] ● Angst [ ] ● Freude [ ] ● Ekel [ ] ● Stolz [ ] ● Müdigkeit [ ] ● Wut

2 Schreibe nur die fünf Nomen für Gefühle auf.

● Hoffnung, ● Haus, ● Klavier, ● Langeweile, ● Spaß, ● Hand,
● Ungeheuer, ● Ärger, ● Trauer, ● Hund, ● Urlaub, ● Seite

die Hoffnung,

3 Finde im Wörterbuch weitere Nomen für Gefühle und schreibe sie auf.
Oder: Schlage in der Wörterliste unter G nach.

STARK: Alle Strategien üben

1 Lies den Text. Sieh dir die Fehlerwörter genau an.

kann ⊝

Man kan in unserem garten abends

fiele Fledermeuse sehen. Die nachtaktiven

Tire fliegen blitzschnel auf der Jagd nach

Insekten. Der körper ist behart, aber

die Flughäute sind nackt. Es macht

spaß, den Fluk zu beobachten.

2 Sprecht über jedes Fehlerwort. Wie wird es richtig geschrieben? Welche Strategie hilft euch?

3 Schreibe jedes Fehlerwort richtig auf. Nutze dazu die freien Zeilen. Schreibe auch die passende Strategie dazu.

4 Schreibe den Text richtig ab. Ergänze einen Schlusssatz.

AH, FH, FB S. 33

Das kann ich schon

Rechtschreibtraining

Am Tag hängt die nachtaktive Fledermaus an der Decke oder in einem Fledermauskasten. Sie schläft.
Am Abend fliegt sie aus und jagt ihre Beute. Ihr Flug in der Nacht geht über Felder und Wiesen. Dabei sind ihre Ohren sehr wichtig. Leider gibt es immer weniger Insekten für Fledermäuse. Viele Insekten werden vernichtet. Wohnungen für Fledermäuse werden seltener. So können sie nur schwer überleben. Fledermäuse müssen geschützt werden!

  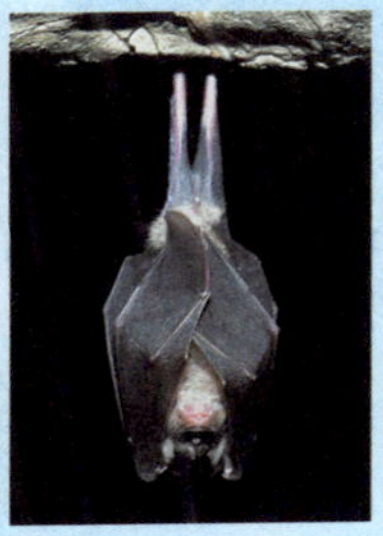

Übungswörter

der Abend
die Felder
der Fledermauskasten
der Flug
der Tag
sie fliegt
fliegen
sie hängt
hängen
sie jagt
jagen
geschützt
wichtig

ihre
die Insekten
die Nahrung
das Ohr
die Wohnung

Wortstamm und Wortfamilie

1 Ordne die Wörter nach ihren Wortfamilien.
Markiere den Wortstamm.

arbeitslos • Sprechstunde • Arbeitszeit
versprechen • Sprachbuch • Mitarbeit
bearbeiten • widersprechen • Arbeit
Arbeitsplatz • Sprecher • sie verspricht

sprech: Sprechstunde, ____________

____

____

arbeit: ____________

____

____

Diese Seite fand ich:
○ leicht ○ mittel ○ schwer

Verben: Grundform, Personalform

2 Schreibe die Verben in allen Personalformen auf.

beobachten	**hängen**
ich beobachte	

3 Welche vier Personalformen fehlen? Schreibe nur diese auf.

wir schützen • du schützt • du läufst • ich laufe
ihr schützt • sie läuft • ich schütze • ihr lauft

er schützt,

Verben im Wörterbuch finden

4 Schlage die Grundform der Verben im Wörterbuch nach.

sie bricht – brechen : S. ______ er sticht – ______ : S. ______

sie trägt – ______ : S. ______ sie stiehlt – ______ : S. ______

sie jagt – ______ : S. ______ er schützt – ______ : S. ______

sie flattert – ______ : S. ______ es schläft – ______ : S. ______

Diese Seite fand ich:
○ leicht ○ mittel ○ schwer

b oder p, d oder t, g oder k?

5 Finde zuerst verwandte Wörter. Trage dann die richtigen Buchstaben ein.

Bro t • Zwer __ • Hun __ • Hem __ • We __ • Klei __ • Pfer __ • Zu __

Wor __ • Han __ • Schran __ • Bur __ • Fabri __ • Lan __ • Ban __

das Brot ←t→ die Brote,

6 Umkreise den richtigen Buchstaben. Suche dazu verwandte Wörter.
Streiche den falschen Buchstaben durch und schreibe das Wort richtig auf.

er he$^{b}_{p}$t — er hebt	sie gi$^{b}_{p}$t
er sa$^{g}_{k}$t	es na$^{g}_{k}$t
sie ü$^{b}_{p}$t	sie hu$^{b}_{p}$t

Diese Seite fand ich:
○ leicht ○ mittel ○ schwer

Nomen für Gefühle

7 Finde die elf Nomen und schreibe sie richtig mit Artikel auf.

unruhe • geduld • angst • köstlich
trauer • neugier • langsam • groß
ekel • ärger • hass • über • liebe
neben • verzweiflung • fröhlichkeit

die Unruhe, ______________________

____

____

____

____

____

8 Finde zu diesen Adjektiven das passende Nomen. Schaue im Wörterbuch nach.

neugierig – ________ zufrieden – ________

panisch – ________ einsam – ________

Alle Strategien üben

Markiere die Fehlerwörter. Schreibe die passenden Strategiezeichen darüber.

↔
Am Abent fänkt die fledermaus Käfer und Fliegn. (4)

Schreibe nun den ganzen Satz richtig auf.

____

____

Diese Seite fand ich:
○ leicht ○ mittel ○ schwer

Geheimnisvolles

beobachten

Detektiv

Koffer

gefährlich

fotografieren

Fingerabdruck

Lupe

heimlich

notieren

Handschuh

Sonnenbrille

schlau

schleichen

Übe die Wörter auf der Rückseite.

misstrauisch

Kontrolliere mit der Vorderseite.

Alles richtig? ☐

Hier schreibe ich Wörter, Texte, Ideen und Fragen zum Bild auf.

Eine Anleitung und einen Lexikontext lesen

Geheime Botschaften

So kannst du jemandem eine geheime Nachricht schicken:

1. Gieße ein wenig Milch in ein Schälchen.
2. Tauche einen Pinsel in die Milch.
3. Schreibe deine Nachricht auf ein weißes Papier.
4. Lass die Milch trocknen. Nun siehst du nichts mehr!

Der Empfänger deiner Botschaft muss das Papier heiß bügeln. Was passiert?

Achtung!
Am heißen Bügeleisen kann man sich verbrennen. Bügelt man das Blatt zu lange, kann es sich entzünden.

Privatdetektiv, der
Privatdetektivin, die

Das Wort Detektiv stammt vom lateinischen Wort **detegere** = **aufdecken**. Ein Detektiv versucht also, etwas aufzuklären. Oft handelt es sich dabei um Verbrechen. Detektive gibt es etwa seit 200 Jahren. Die ersten gab es in London.

In England heißen Polizisten auch heute noch **detective**. Das bedeutet so viel wie Ermittler. Um zu zeigen, dass ein Detektiv nicht für den Staat arbeitet, setzte man das Wort privat davor. Jeder Mensch kann also einen Privatdetektiv beauftragen, etwas für ihn zu ermitteln.

Welche berühmten Detektive kennst du? Gab es sie wirklich?

Ein Kinderbuch lesen

Flätscher

Flätscher nimmt den Sohn von Spitzenkoch Bode, dem das Restaurant „Der wilde Elch“ gehört, mit in sein Versteck: eine Garage. Theo betrachtet den Rolls-Royce, der dort steht.*

„Das da, also die Figur auf dem Kühler, das ist Emily?“

„Von mir aus“, murmelte ich mit vollem Mund. „Ich hab ihr keinen Namen gegeben.“ Hallo? Warum sollte ich bitte schön einer Metallfigur ’nen Namen geben???

Theo grinste. „Emily ist berühmt. Sie ist sogar die berühmteste Kühlerfigur der Welt und auf jedem Rolls-Royce vorne drauf. Es sei denn, sie wird geklaut, was leider sehr oft vorkommt.“

Aha, aha – das hatte ich natürlich gewusst. Wollte Theo nur testen. **Is ja wohl testologisch.**

„Weißt du, Flätscher“, druckste Theo nun verlegen herum, „ich-ich kenne mich in vielen Dingen richtig gut aus. Und ich kann total gut kombinieren. Darum weiß ich das auch mit den geklauten Kühlerfiguren und so. Na ja, und weil das so ist, bin ich … äh, möchte ich richtig gern ein Detektiv sein. Ein großer Detektiv natürlich.“

Dieser Theo, ganz ehrlich, diese Sache mit Theo und mir wurde immer … oha, unheimlicher. Nicht nur, dass er meine Sprache beherrschte, er liebte Semmelknödel heiß und innig und träumte insgeheim von einer richtig großen Super-Detektiv-Karriere.

Ganz genauso wie ich!

sprich: Rolls Reuß

Antje Szillat / Jan Birck

Weißt du schon, was du mal werden willst?

Einen Text lebendig vorlesen

1 Finde zwei Partnerkinder.
Teilt euch den Text auf und lest ihn leise.

Flätscher und Theo ermitteln im „Wilden Elch". Flätscher hört ein Knurren und denkt, es könnte der gefleckte Köter namens Humphrey sein.

„Ey, Humphrey-Blödbacke, hol lieber das Stöckchen und stör den Meisterdetektiv nicht bei der Arbeit!", sagte ich ärgerlich, während ich schnell zu ihm herumfuhr.

Doch – **PUSTEKUCHEN!!!** – kein Hund! Kein Kater!

„Du-du verdammtes Viech! Jetzt mach ich dir aber ein für alle Mal den Garaus!"

Oha, oha, der Spitzenkoch war aufgewacht und hatte nichts Besseres zu tun, als Jagd auf mich zu machen. Hallo?! Dabei war ich doch **DER GUTE!!!**

Während ich mich noch hektisch nach Theo umguckte, flog das erste total gefährliche Küchenmesser haarscharf an meiner Ermittlernase vorbei.

Oha, oha, das war knapp. Ich musste hier weg. Bode meinte es nämlich **MESSERERNST!**

Doch – wohin??? Ich hockte in der Falle.

Schon flog das nächste Messer an mir vorbei und landete – **PLONG** – in der Wand. **AUWEIA!**

„Theo!", rief ich. „Theeeooo!"

„Ja, fiep nur, du feiges Katzenvieh. Überhaupt bist du an allem schuld, und deshalb mach ich jetzt Hackfleisch aus dir", drohte der Spitzenkoch.

Fiepen? Katze? **HALLO???**

„Papa! Schnell! Der Rechnungnichtbezahler ist im Hinterhof!", quiekte Theo mit extrem hoher Stimme. „Nun komm schon. Sonst entwischt er noch!"

„Rühr dich nicht von der Stelle", befahl mir der Spitzenkoch. „Ich bin gleich zurück und dann ..."

Antje Szillat / Jan Birck

2 Sprecht darüber, warum manche Stellen besonders gedruckt sind.

3 Stellt euch genau vor, was passiert. Lest den Text lebendig vor.
Welche Stellen lest ihr schneller, langsamer, lauter oder leiser?
Markiert diese Stellen im Text in verschiedenen Farben.

4 Besprecht, was gut geklungen hat.
Was könntet ihr beim nächsten Mal besser machen?

Nehmt euren Lesevortrag auf.

Sich etwas Gelesenes vorstellen

1 Lies den Text. Markiere Stellen, die den Hund beschreiben.

Ein Fall für die schwarze Pfote

Merlin und Charlotte finden in einer Mülltonne einen Schuhkarton. Darin ist ein kleiner, junger, weißer Hund.

Seine vordere linke Pfote war pechschwarz. Sie sah aus, als würde er ein Söckchen tragen. Rund um sein rechtes Auge war ein schwarzer Fleck. Ein Ohr stand spitz in die Luft, das andere hing abgeknickt nach unten. Seine untere Zahnreihe war ziemlich schief, was ihm ein freches Aussehen verlieh. Und seitlich an der Schnauze hatte er etwas längere, struppige Haare, die wie der Bart eines exotischen Äffchens aussahen.

Die beiden nennen ihn Hugo. Und sie merken bald: Hugo ist eine eiskalte Spürnase. Er verfolgt einen Verdächtigen, der in einem Auto davongefahren ist.

Hugo war völlig außer Atem. Hin und wieder musste er wie ein Kaninchen Haken schlagen, um Fußgängern oder Straßenlaternen auszuweichen. Ein Rauhaardackel, an dem er vorbeisauste, wollte unbedingt mitjagen. Nur leider hatte er einen älteren Herrn am anderen Ende seiner Leine. Als der Dackel Hugo hinterherflitzen wollte, riss er sein Herrchen fast von den Beinen. „Bello, hierher! Aus! Sitz! Platz!“, hörte Hugo den erbosten Hundebesitzer schimpfen.

Neugierig warf Hugo einen kurzen Blick nach hinten, um nach den beiden zu sehen. Dabei übersah er zwei große Plastikkübel, die mitten auf dem Gehweg standen. Mit einem lauten Krachen raste er dagegen. Das Blumenwasser schwappte auf den benommenen Hugo, und mindestens fünfzig bunte Tulpen flogen durch die Luft. Hugo saß schließlich pitschnass in einem farbenprächtigen Blumenmeer. Drei Tulpen lagen auf seinem Kopf wie ein Blumenkranz. Die Kübel gehörten zur Auslage des kleinen Hommelsdorfer Blumenladens.

Benedikt Weber

2 Lies Zeile 42–49. Male dann Hugo mit den Tulpen.
Oder: Lies Zeile 27–33. Male dann den Dackel und seinen Besitzer.

3 Stellt eure Bilder vor und sprecht darüber.

AH, FH, FB S. 36

Einen Text verstehen

1 Lies den Text. Wie alt ist Herr Locke?

Nickel und Horn

Schlappi war der Hund von Herrn Locke, dem alten Detektiv, bei dem sie seit vielen Jahren wohnten. Seit Monaten schon stand Herr Locke nur noch auf, um sich in seinem groß karierten Hausmantel und Filzpantoffeln in den Ohrensessel zu setzen. Früher hatte er jeden Tag einen Fall gelöst, an manchen sogar zwei oder vier bis fünf und einmal sogar elf. Dabei hatten Nickel und Horn ihm immer wieder geholfen – Horn, weil er sich die Dinge aus der Luft angucken konnte, und Nickel, weil sie so gut schnupperte und hörte und außerdem durch die kleinsten Löcher passte. Die Zeiten waren vorbei. Seit Herr Locke neunzig Jahre alt geworden war und der Doktor ihm geraten hatte, sich etwas zu schonen, ging er nicht einmal mehr ans Telefon. Und Schlappi wachte penibel über diese Ruhe. Wie Hunde so sind, meinte er es etwas zu gut mit seinem Herrchen, fanden zumindest Nickel und Horn.

„Fauler Sack", murrte Horn und meinte damit natürlich Schlappi und nicht Herrn Locke. Den alten Herrn liebten er und Nickel über alles. Schließlich hatte er sie damals aus dem Tierheim geholt. Er hatte dem weitsichtigen Meerschweinchen und dem kurzsichtigen Papagei auch ihre ersten Brillen gebastelt. Nur dieser Schlappi ging ihnen wirklich auf die Nerven. Das kleinste bisschen Durcheinander reichte aus, um ihn unglaublich aufzuregen, so sehr sorgte er sich um Herrn Locke und um seine eigene Ruhe.

Florian Beckerhoff / Barbara Scholz

2 Warum löst Herr Locke keine Fälle mehr?

☐ Weil er keine Lust mehr dazu hat. ☐ Weil er sich schonen soll.

3 Was erfährst du über Nickel und Horn? Markiere im Text.

4 Warum sind Nickel und Horn Herrn Locke so dankbar?

Stellt euch gegenseitig weitere W-Fragen zu dem Text.

Ein Gedicht mit unterschiedlicher Betonung sprechen

1 Lies das Gedicht leise, bis du es flüssig sprechen kannst.

Gruselett
Der Flügelflagel gaustert
durchs Wiruwaruwolz,
die rote Fingur plaustert,
und grausig gutzt der Golz.

Christian Morgenstern

2 Sprecht das Gedicht so, dass die Verse wütend klingen.

3 Sammelt Ideen, wie ihr das Gedicht vortragen könnt:

☐ drohend ☐ geheimnisvoll

☐ ____________ ☐ ____________

☐ ____________ ☐ ____________

4 Übt gemeinsam den Gedichtvortrag und probiert die verschiedenen Vortragsarten aus. Welche Vortragsart gefällt euch am besten? Kreuzt an.

5 Probiert auch für das folgende Gedicht verschiedene Vortragsarten aus.

Finster, finster, finster, finster,
nur der Glühwurm glüht im Ginster
und der Uhu ruft im Grunde,
Geisterstunde.
Schwarze Raben krächzen
und Gespenster ächzen
uii, uii,
uiiiiiii.

traditionell

6 Tragt eines der Gedichte auswendig vor.

Eine spannende Geschichte planen

1 Sieh dir die Bilder an. Was fällt dir zu ihnen ein?

2 Wählt ein Bild aus und kreuzt es an. Erzählt, was euch dazu eingefallen ist.

3 Sammle Wörter, die dir helfen, eine Geschichte zu diesem Bild zu erzählen.

4 Welche Wörter sind euch eingefallen? Tauscht euch aus.
Ergänzt eure Wortsammlungen.

5 Lies die Karten am roten Faden. Überlege dir zu deinem Bild von Seite 73 eine Geschichte. Schreibe für jede Karte Stichworte auf.

A **Wer** kommt in der Geschichte vor?

____

____

Wann spielt die Geschichte?

____

____

Wo spielt sie?

____

____

B **Was** für ein spannendes Ereignis passiert?

____

____

____

____

C **Wie** löst sich die Spannung wieder auf?

____

____

____

____

____

D **Wie** endet die Geschichte?

☐ gutes Ende ☐ böses Ende

____

____

____

____

6 Erzähle deine Geschichte.
Dein Partnerkind gibt Rückmeldung.

Gut fand ich, dass …

Ich habe nicht verstanden, …

Eine spannende Geschichte schreiben

1 Besondere Ausdrücke helfen dir, eine Geschichte spannend zu erzählen. Lies die besonderen Ausdrücke. Markiere die weißen Kärtchen in der passenden Farbe.

klingen spannend | beschreiben Gefühle | beschreiben Bewegungen | beschreiben Figuren oder Orte

ein leises Scharren | schlängelte sich durchs Gebüsch | ahnte Schlimmes | ein geheimnisvolles Haus | atmete auf | stolpern | knackt im Gebüsch | etwas huschte vorbei | gleich packt er mich | stapfte wie ein Nilpferd daher | es sah aus wie auf einer Müllhalde | das Herz klopfte bis zum Hals | lachte erleichtert | blieb wie angewurzelt stehen | hatte eine zierliche Figur | eine knubbelige Nase | hatte ein mulmiges Gefühl | schreckliche Klauen

2 Ergänzt weitere passende Wörter und Ausdrücke. Schreibt sie in die leeren Kästchen. Markiert die Kästchen in der passenden Farbe.

3 Welche Wörter aus Aufgabe 1 passen zu deiner Geschichte von Seite 74? Schreibe sie auf.

4 Schreibe deine Geschichte zu dem gewählten Bild von Seite 73.

Überschrift: ______________________________

____

____

____

____

____

____

____

____

____

____

____

____

____

____

____

5 Finde eine passende Überschrift zu deiner Geschichte.

Gewusst wie: Texte überarbeiten

Eine Schreibkonferenz durchführen

Wähle höchstens drei Kinder für deine Schreibkonferenz aus.
Hast du die Geschichte mit dem Computer geschrieben,
kannst du jedem Kind ein Exemplar ausdrucken.

Lies deine Geschichte **vor**. Nach dem Vorlesen darf jeder **sagen**, **was** ihm an der Geschichte **gefallen hat**.

Frage deine Zuhörer:

- **Versteht ihr** die Geschichte oder fehlt etwas?
- Hat die Geschichte einen **roten Faden**?
- Habe ich die **Gefühle** der Personen beschrieben?
- Habe ich **treffende Verben** und **Adjektive** ausgewählt?
- Ist das **Ende** der Geschichte **verständlich**?

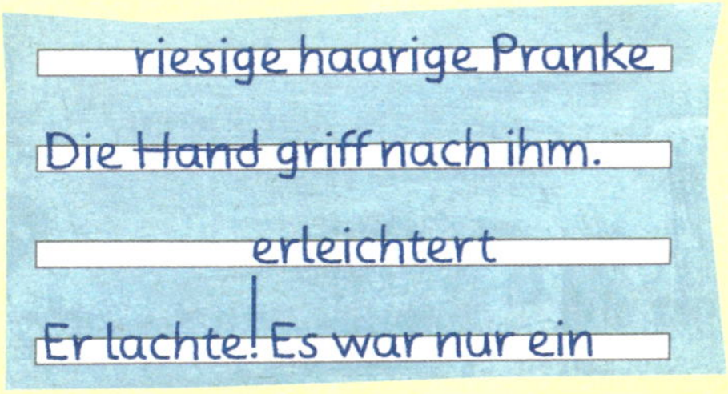

Überarbeitet gemeinsam die Geschichte Satz für Satz.
Du kannst Sätze ergänzen, umstellen, kürzen oder Wörter austauschen.

Lies die Geschichte noch einmal vor.
Achtet gemeinsam besonders **auf spannende Ausdrücke**.
Hast du an eine **passende Überschrift** gedacht?

Was ist wichtig, wenn du deine Texte überarbeitest? Kreuze an.

- ☐ Meine Partner sagen zuerst, was ihnen gefallen hat.
- ☐ Meine Partner achten auf den roten Faden der Geschichte.
- ☐ Wir verbessern die Geschichte Satz für Satz.
- ☐ Wir überprüfen nicht, ob die Überschrift passt.

1 Marie hat eine Geschichte geschrieben.
Lies die Geschichte. Beachte die fünf Stellen, die man verbessern kann.

Sie kamen an der leer stehenden Villa vorbei. Die Tür stand offen. Da gingen [A] (1)
sie rein. Es sah komisch aus. Es war fast dunkel. Überall waren Staub
und Spinnweben. Sie konnten nur wenig sehen. Maja sagte: „Gehen wir [ ] (2) [ ] (3)
zurück?" Die Treppenstufen knarrten laut. Jonas war zuerst oben.
Da hörten sie was. Beide blieben stehen. Sie rührten sich nicht. Da kamen [ ] (4)
Schritte. Gab es ein Gespenst im Haus? Doch plötzlich sahen sie eine
Frau: „Nanu, was wollt ihr denn hier? Wohnt ihr hier in der Nähe? [ ] (5)
Wir ziehen bald in dieses Haus ein." Da waren sie erleichtert.

2 Ordne den Nummern im Text die Tipps zu. Trage die Buchstaben ein.

Tipps:
A Hier werden die Fragen **wer**, **wo** und **wann** nicht richtig beantwortet.
B Hier fehlt der rote Faden. Wieso geht es plötzlich um die Treppe?
C Hier kann man Majas Gefühle genauer beschreiben.
D An dieser Stelle sollte man alles viel spannender beschreiben.
E Wie zeigt sich, dass die beiden erleichtert sind?

3 Wähle eine Stelle aus. Schreibe auf, wie du sie verbessern willst.

4 Überarbeitet die Geschichte in einer Schreibkonferenz.

Wörtliche Rede

1 Lies die Geschichte. Achte darauf, was die Personen sagen.

Die Ermittlung

Immer wieder wurden Fahrräder im Schulhof beschädigt. Wer könnte so etwas tun? Mia und Lasse schnappen sich ihre Detektivausrüstung und ermitteln.

Lasse fragt: „Wie sollen wir anfangen?“ Mia antwortet: „Wir können versuchen, Spuren am Tatort zu finden.“ Lasse schüttelt den Kopf: „Nach dem Regen werden wir dort sicher nichts entdecken! Aber vielleicht hat ja jemand was beobachtet?“ Mia nickt: „Natürlich! Die Verkäuferin in der Bäckerei gegenüber! Vielleicht hat sie etwas gesehen.“ Sie rennen zur Bäckerei. Zum Glück ist der Laden gerade leer. „Wir brauchen Ihre Hilfe!“ Mia erklärt, was los ist.
Lasse fragt: „Ist Ihnen etwas aufgefallen?“
Die Verkäuferin antwortet: „In letzter Zeit kommen oft Kinder zu spät in die Schule.“
Lasse fragt: „Können Sie die beschreiben?“
Die Verkäuferin stöhnt: „Kinder halt!“
Mia will wissen: „Erinnern Sie sich an die Kleider? Ihre Jacken zum Beispiel?“
Die Verkäuferin: „Eine Jacke hatte so ein großes, auffälliges Wappen.“

2 Markiere im Text die Zeichen der wörtlichen Rede und die wörtliche Rede.

3 Denke dir weitere Fragen von Mia oder Lasse aus.
Markiere die Zeichen der wörtlichen Rede und die wörtliche Rede.

Mia fragt: „

Merksatz

Das, was jemand sagt, nennt man wörtliche Rede.
Vor der wörtlichen Rede stehen Anführungszeichen unten.
Nach der wörtlichen Rede stehen Anführungszeichen oben.
„Wie sollen wir anfangen?“
„ **Wörtliche Rede** ?“

Begleitsätze

1 Lest das Gespräch mit verteilten Rollen.

2 Ordne jeder Sprechblase ein treffendes Verb aus dem Kasten zu.

sagen • meinen • fragen • rufen • bemerken • bedauern
flüstern • antworten • seufzen • vermuten • entgegnen

3 Schreibe jede Sprechblase mit einem passenden Begleitsatz auf.
Setze dabei die richtigen Zeichen. Verwende die Verben aus Aufgabe 2.
Schreibe so: Mia meint: „Der Junge mit der Jacke geht in die 4a."

4 Wie könnte das Gespräch weitergehen?
Oder: Erfinde ein Gespräch mit deiner Freundin oder deinem Freund.

Merksatz

Vor der wörtlichen Rede kann ein Begleitsatz stehen.
Nach dem Begleitsatz steht ein Doppelpunkt.
Mia sagt: *„Der Junge mit der Jacke geht in die 4a."*
Begleitsatz : „ Wörtliche Rede ."

AH, FH, FB S. 41

Wörter mit ß

1 Lies den Text. Sprich die farbigen Wörter besonders deutlich.

Der fleißige Mäusedetektiv Nick Schnuffel saß in seinem weichen Sessel im gemütlichen Mauseloch, legte die Füße hoch und freute sich auf den Abend. Gerade wollte er sich heißen Tee eingießen, da hörte er ein scheußliches Geräusch. Es drang von der Straße in sein Mauseloch. Nick sprang auf, stieß dabei die Tasse vom Tisch und rannte hinaus. Würde er dieses Mal den Gauner erwischen, der so großen Spaß daran hatte, sämtliche Karottenvorräte der gesamten Nachbarschaft zu stehlen?

2 Wie klingt der Selbstlaut vor **ß** in den farbigen Wörtern? Mache die Lang-Kurz-Probe.

3 Wie klingt der Selbstlaut vor **ß**? Mache die Lang-Kurz-Probe. Schreibe die Wörter richtig auf. Markiere den Selbstlaut und das **ß**.

Strauß • grüßen • weiß • Fuß • süß • Straße • draußen
bloß • heiß • fließen • außerdem • gießen • beißen

Strauß,

4 Ordne die Wörter nach ihren Wortfamilien. Markiere den Wortstamm.

groß: Großmutter, …
spaß: …
stoß: …

Großmutter • Späße • großzügig • anstoßen • Großstadt
Riesenspaß • Großeltern • gestoßen • Spaßverderber
Spaßvogel • stoßen • Freistoß • umstoßen • größer • spaßig

Merksatz

Nach einem langen Selbstlaut (Vokal) und nach einem Doppellaut schreibt man **ß**.
groß, heißen, draußen

Wörter trennen

1 Lies den Text. Sprich die farbigen Wörter besonders deutlich.

Mäusedetektiv Schnuffel erzählt:
„Ich höre den Lärm vor meiner Tür.
Da springe ich von dem Sofa auf.
Ich mache die Tür auf, schaue nach
links und rechts. Aber außer den
Felsen am Waldrand kann ich
im schwachen Mondlicht nicht viel
erkennen. Doch da sehe ich es.
Ein großer Apfel liegt genau über meiner Mäusehöhle.
Kein Karottendieb weit und breit!
Verärgert gehe ich zurück und lasse mich
auf mein Sofa plumpsen."

2 Trenne die farbigen Wörter aus dem Text in Silben. Markiere die Selbstlaute.

hö - re,

3 Setze die Silben zu neun Nomen zusammen.

Pap • Schat • Bril • sel • Spin • mel • ne • Trep • tung
ne • Schlüs • pe • le • Kan • Him • ten • Ret • pe

4 Trenne die Wörter.
Achtung: Bei zwei Wörtern musst du besonders aufpassen: zit - tern, ...

zittern • lassen • müssen • kommen • Karotte • schneller • hässlich
spannend • erkennen • öffnen • rennen • Koffer • pfiffig • flüssig • tippen

Merksatz

Wörter kann man zwischen den Silben trennen.
Wenn auf zwei gleiche Mitlaute (Konsonanten) ein Selbstlaut (Vokal) folgt,
trennt man zwischen den Mitlauten.
müs - sen, Trep - pe

AH, FH, FB S. 43

Das kann ich schon

Rechtschreibtraining

Detektivin Müller muss ermitteln. Deshalb packt sie ihre wichtigsten Hilfsmittel in den Rucksack. Sicher ist sicher. Denn man weiß nie, was man braucht. Handschuhe, Lupe, Pinsel und Pulver für Fingerabdrücke und noch ein paar andere Kleinigkeiten. Dann muss sie nur fleißig und geduldig sein. Fehlt ihr noch etwas? Ja, ein Regenschirm, falls es draußen regnet, und dann bloß noch ein Butterbrot. Vielleicht kommt ja der große Hunger.

Wörtliche Rede

1 Lies den Text. Setze die Zeichen der wörtlichen Rede.

Bei Detektivin Müller im Büro klingelt das Telefon.

Schnell greift sie zum Hörer: „ Müller! Eine aufgeregte Stimme fragt: Sind Sie die Detektivin? Müller antwortet: Genau die bin ich. Die Stimme ruft verzweifelt: Sie müssen mir helfen!

2 Lies die Fortsetzung. Markiere die Zeichen der wörtlichen Rede und die wörtliche Rede in verschiedenen Farben.

Die Detektivin fragt nach: „Mit wem spreche ich denn? Und was ist passiert?“ Die Stimme erwidert: „Mein Name ist Klaus Fischer. Mir wurde heute die Brieftasche gestohlen!“ Detektivin Müller beruhigt den Anrufer: „Das ist natürlich sehr ärgerlich. Aber ich bin sicher, dass wir das Problem lösen können.“ Herr Fischer fragt unsicher: „Wirklich?“ Die Detektivin antwortet: „Natürlich. Ich habe bisher jeden Fall gelöst. Wann haben Sie die Brieftasche zuletzt gesehen?“ Herr Fischer überlegt: „Heute morgen. Da habe ich sie in meinem Rucksack verstaut.“

Übungswörter

die Detektivin
der Großvater
der Handschuh
die Kleinigkeiten
der Rucksack
der Übeltäter
sie packt
packen
sie weiß
wissen
fleißig
groß

bloß
draußen
ermitteln
sie vergisst
vergessen

Diese Seite fand ich:
○ leicht ○ mittel ○ schwer

Wörtliche Rede mit Begleitsätzen

3 Ordne jeder Sprechblase einen passenden Redebegleitsatz zu.

1 Der Zeuge antwortete:

2 Detektivin Müller fragte:

3 Die Detektivin stöhnte:

4 Der aufmerksame Zeuge bestätigte:

5 Hoffnungsvoll wollte Müller wissen:

6 Da freute sich der Zeuge:

4 Schreibe das Gespräch auf. Setze dabei die richtigen Zeichen.

Detektivin Müller fragte:

Diese Seite fand ich:
○ leicht ○ mittel ○ schwer

Wörter trennen

5 Trenne die Wörter in Silben. Markiere die Selbstlaute.
Achtung! Ein Wort kannst du nicht trennen.

Handschuh • Großvater • außen • bloß • Lupe • schließen
Pinsel • Regenschirm • seine • Pulver • regnen • reißen

Hand - schuh,

6 Suche in der Wörterliste mindestens sechs Wörter mit drei Silben.
Schreibe sie in Silben getrennt auf.

7 Schreibe die Wörter zu den Nummern in Silben getrennt auf.

1 Kan - ne,

Diese Seite fand ich:
○ leicht ○ mittel ○ schwer

Wörter mit ß

8 Ordne die Wörter nach ihren Wortfamilien.
Markiere den Wortstamm.

versüßen • Grußkarte • Grüße • zuckersüß
Süßigkeit • Grußwort • gegrüßt • süßlich
Süßstoff • Süßspeise • grüßen • honigsüß

süß: versüßen,

gruß:

9 Finde Wörter mit dem Wortstamm **fuß**.

Alle Strategien üben

Markiere die Fehlerwörter. Schreibe die passenden Strategiezeichen darüber.

Ⓜ
Der Detektif ermitelt. In seinem rucksack sind seine Hantschuhe. (4)

Schreibe nun den ganzen Satz richtig auf.

Diese Seite fand ich:
○ leicht ○ mittel ○ schwer

Digital unterwegs

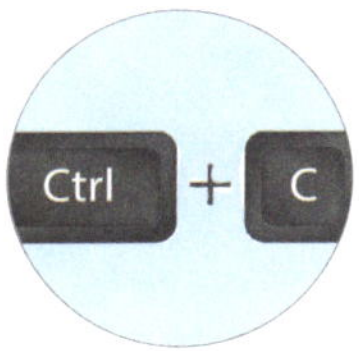

kopieren

USB-Stick

Suchmaschine

digital

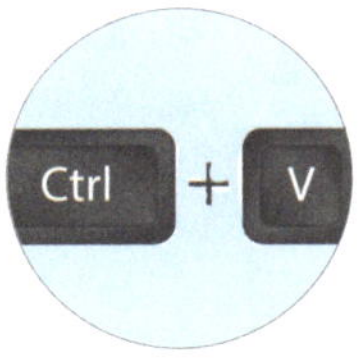

einfügen

Virus

Passwort

sicher

öffnen

E-Mail

Programm

mobil

speichern

Übe die Wörter auf der Rückseite.

online

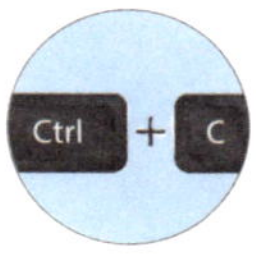

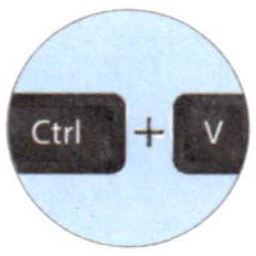

Kontrolliere mit der Vorderseite.

Alles richtig? ☐

Hier schreibe ich Wörter, Texte, Ideen und Fragen zum Bild auf.

Witze und ein Gedicht lesen

Was macht ein Pirat am Computer?

Er drückt die Entertaste.

Die Lehrerin zu ihrer Klasse:
„Heute rechnen wir das erste Mal mit Computern.
Wie viel sind zwei Computer plus drei Computer?"

Hilfe!

Ein Eisbär schrieb im Internet:
Suche Freundin, bin sehr nett.
Habe leider gar kein Geld,
wohne hier am Arsch der Welt,
ohne Heizung, ohne Haus,
sehe nicht besonders aus,
sitz auf einem Floß aus Eis,
kaum erkennbar, bin ja weiß.
Um mich rum ist alles nass,
echt, so langsam nervt mich das!
Wäre schön, ich hätte dich!
HILFE! BITTE FINDE MICH!
Mein Floß wird kleiner und treibt ab,
der Akku macht so langsam schlapp,
Weiterschreiben wird wohl schwer,
mein PC fällt grad ins –

Salah Naoura

Kennst du auch einen Witz?
Schreibe ihn auf.

Ein Kinderbuch lesen

Der Tag, an dem die Oma das Internet kaputt gemacht hat

„Es geht nicht mehr“, sagte die Oma.

Sie saß vor dem Computer und klickte mit der Maus.

Tiffany guckte die Oma an.

„Klick, klick“, sagte die Oma.

„Es geht einfach nicht mehr!“

„Was geht nicht mehr?“, fragte Tiffany.

„Das Internet“, sagte die Oma.

„Was ist das Internet?“, fragte Tiffany.

„Das Internet, hm ...“

Die Oma dachte angestrengt nach.

„Du hast keine Ahnung, Oma“, sagte Max.

„Das Internet“, erklärte Max, „ist wie die Pinnwand. Nur viel, viel größer! Da kann man Nachrichten dranheften oder Fotos oder Geschichten oder Ausmalbilder, sogar Musik und Filme und alles Mögliche. Es haben schon ganz viele Leute Sachen an das Internet drangeheftet. Deshalb findet man inzwischen auf viele Fragen die Antwort im Internet. Manchmal ist die Antwort aber leider falsch. Weil nicht alle, die im Internet rumklicken, wirklich schlau sind. Das Internet verbindet all unsere Computer und Handys und noch viele andere Geräte. Deswegen kann man über das Internet auch mit anderen Menschen sprechen. Oder Spiele spielen. Oder Nachrichten versenden.“

„Ich habe das ganze Internet kaputt gemacht“, sagte Oma. „Aus Versehen.“

„Du hast auf keinen Fall das ganze Internet kaputt gemacht“, sagte Max.

Aber da täuschte er sich. Die Oma hatte tatsächlich das Internet kaputt gemacht. Das ganze Internet.

Auf der ganzen Welt.

Marc-Uwe Kling / Astrid Henn ◈

Kann das wirklich passieren? Was meinst du?

In einem Lexikon lesen

1 Lies die Lexikonartikel. Welche fünf Begriffe werden erklärt? Kreuze an.

☐ Virus ☐ Internet ☐ App ☐ Router ☐ WWW ☐ WLAN oder LAN

App
App ist eine Abkürzung für das englische Wort application*. Eine App ist ein kleines Programm für ein Smartphone ↗ oder ein Tablet ↗. Es gibt Apps für Spiele, Videos, Musik, Nachrichten, Wetter oder zum Lernen.

Router
Ein Router ist ein Gerät, das den Zugang von dem Computer ↗ ins Internet ↗ ermöglicht. Über einen Router werden im Netz Datenpakete zwischen verschiedenen Computern ausgetauscht.

WWW
Oft sagt man zum Internet ↗ auch „World Wide Web“**, kurz WWW. Das ist aber nur der Teil des Internets, in dem man Internetseiten anschauen kann.

WLAN oder LAN
WLAN ermöglicht einen Zugang ohne Kabel ins Internet ↗. Bei einer LAN-Verbindung werden die Geräte mit einem Kabel an das Internet angeschlossen.

Virus
Viren sind Erreger von Krankheiten. Sie können Menschen und Tiere krank machen. Ein Computervirus kann einen Computer ↗ „krank machen“. Er kann den Computer beschädigen oder ihn ganz kaputt machen. Oft wird ein Virus per E-Mail ↗ im Anhang verschickt. Gegen Viren kann man sich mit verschiedenen Programmen schützen.

* sprich: äpplikäjschn
** sprich: Wörld Weid Web

2 Lies die Fragen. Markiere in den Lexikonartikeln die Antworten in den passenden Farben:

- Wofür steht die Abkürzung WWW?
- Was ist eine App?
- Welche Abkürzung verwendet man für das englische Wort application?
- Wie heißt die kabellose Verbindung ins Internet?

3 Finde eine eigene Frage zum Begriff Virus. Markiere die Antwort im Text.

Zwischenüberschriften finden

1 Lies Abschnitt A. Worum geht es? Markiere das passende Kästchen.

Was ist ein Computer? | Was ist ein Router? | Was ist ein Puzzle?

A Das Internet verbindet Computer auf der ganzen Welt. Dafür braucht man einen Zugang. Zu Hause ist das meist ein Router. Der Computer ist mit dem Router per LAN oder WLAN verbunden. Der Router leitet die Daten als kleine Datenpakete in Sekundenschnelle über Kabel oder Funksignale weiter. Der Zielcomputer bekommt die einzelnen Datenpakete und setzt sie wie ein Puzzle wieder zusammen.

2 Lies die Abschnitte B–D.

B Computer sind auf der ganzen Welt miteinander verbunden. Sie bilden ein riesiges Netz. Der Name Internet ist dafür ein anderes Wort. Er stammt vom englischen Begriff „Interconnected Network“ ab und bedeutet so viel wie „zusammengeschaltetes Netz“.

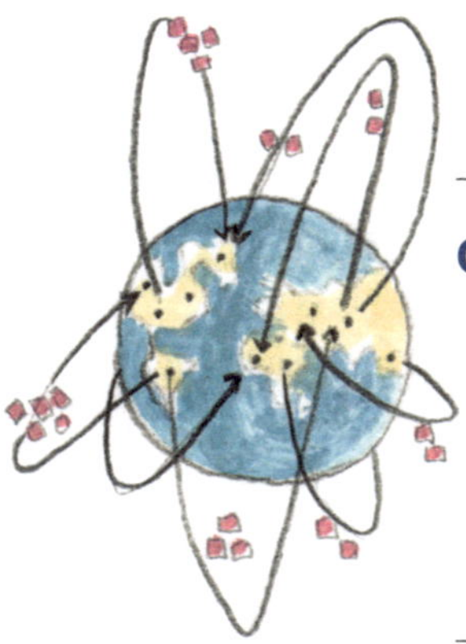

C WWW ist die Abkürzung für World Wide Web, auf Deutsch „weltweites Netz“. Das World Wide Web ist nur ein Teil des Internets. Im World Wide Web kann man Internetseiten anschauen. Jede Internetseite hat eine Adresse.

D Im Internet findet man Informationen aus der ganzen Welt. Jeder kann Informationen ins Internet stellen. Das Internet kann man für vieles nutzen: Musik hören, Filme schauen, sich mit anderen unterhalten oder austauschen. Man kann nach Informationen suchen, gemeinsam Spiele spielen, einen Weg finden, einkaufen oder für die Schule lernen. Dafür gibt es inzwischen viele Apps.

3 Ordne den Abschnitten die passende Zwischenüberschrift zu. Schreibe sie auf die Linien.

World Wide Web | Der Name Internet | Zugang ins Netz | Das Internet nutzen

AH, FH, FB S. 46

Ein Diagramm lesen

1 Ungefähr 1200 Kinder wurden gefragt, was sie in ihrer Freizeit machen. Sieh dir das Diagramm an. Welche Freizeitaktivitäten werden genannt? Kreuze an.

☐ schwimmen ☐ Freunde treffen ☐ ins Kino gehen ☐ Fernsehen
☐ Sport treiben ☐ den Computer nutzen ☐ ein Buch lesen ☐ malen

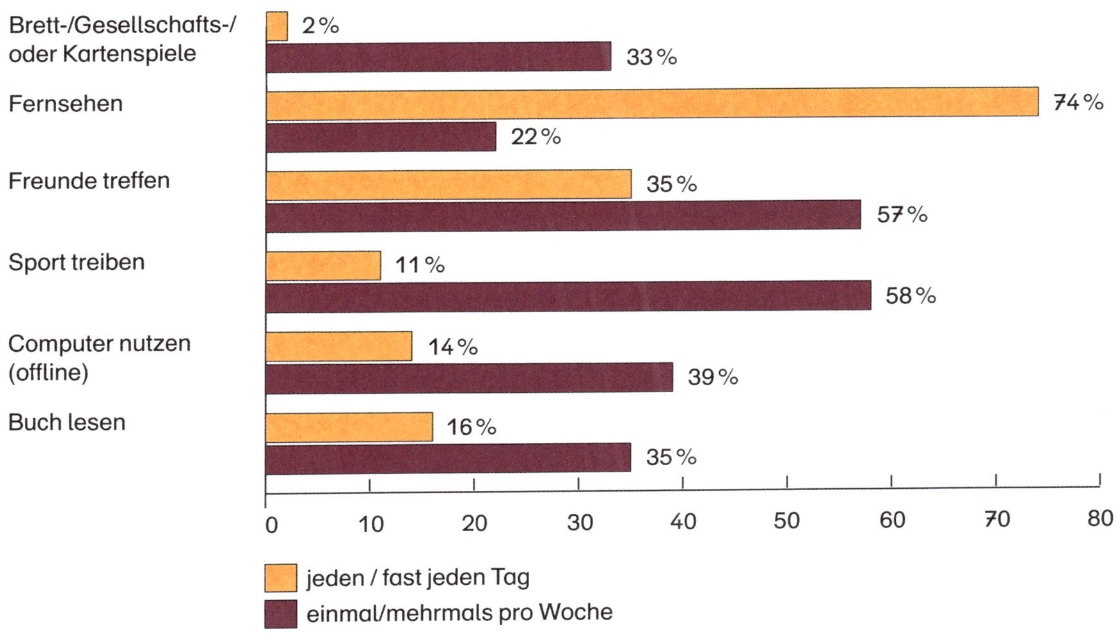

KIM-Studie 2018

2 Lest das Diagramm. Was fällt euch auf?

3 Lies die Sätze. Markiere nur die Aussagen, die stimmen.

- 74 % der Kinder sehen fast jeden Tag fern.
- 35 % der Kinder lesen einmal pro Woche ein Buch.
- 39 % der Kinder nutzen jeden Tag den Computer.
- 57 % der Kinder treffen mehrmals pro Woche Freunde.
- 2 % der Kinder spielen fast jeden Tag Kartenspiele.
- 11 % der Kinder treiben mehrmals pro Woche Sport.

4 Schreibe die falschen Aussagen richtig auf.

____

____

____

Was macht ihr in eurer Klasse in der Freizeit? Führt eine Umfrage durch. Sammelt dazu Freizeitaktivitäten. Zählt, wie viele Kinder wie oft etwas machen.

Meinungen begründen

1 Lies den Text. Worum geht es?

Schule der Zukunft

In der Zukunft gehen die Kinder nicht mehr zur Schule. Sie werden zu Hause von Lehrer-Robotern unterrichtet. Sie müssen keine Ranzen mehr schleppen und keine gefährlichen Schulwege gehen. Sie bleiben einfach zu Hause und bearbeiten Aufgaben am Computer, die ein Lehrer-Roboter für sie zusammengestellt hat. Fragen stellen die Kinder dem Lehrer-Roboter über das Internet. Er kann dann sofort helfen. Pausen können die Kinder machen, wann sie wollen. In der Pause können sie Computerspiele spielen oder mit Klassenkameraden in einem Chat* sprechen. Außerdem gibt es ein virtuelles** Klassenzimmer, in dem man sich treffen kann.

2 Lest die Sprechblasen. Welche Meinungen vertreten die Kinder? Wie begründen sie diese? Ist jede Meinung überzeugend?

Ich finde Lehrer-Roboter praktisch, weil ein Roboter mir jederzeit helfen kann.

Ich denke, dass die Idee übertrieben ist, weil man über manche Dinge mit einem Menschen sprechen muss.

Mir würden meine Freunde fehlen.

Dann kann ich in der Pause ja gar nicht mehr mit den anderen Fußball spielen!

Mir gefällt die Idee!

Meiner Meinung nach ist die Idee super, denn ich kann Pausen machen, wann ich will, und meine Freunde treffe ich im Chat.

3 Markiere die Sprechblase, die dich am meisten überzeugt.

4 Was haltet ihr von Lehrer-Robotern? Begründet eure Meinung.

Tipp

Ich finde, dass …, weil …
Ich meine, dass …
Ich denke, dass …
Ich sehe das so, weil …

* Chat (sprich: Tschätt) = Möglichkeit, sich mit anderen im Internet direkt zu unterhalten

** virtuell = nicht in der Wirklichkeit vorhanden, aber echt erscheinend

Am Computer schreiben

1 Die Klasse 3b hat Computerregeln am Computer geschrieben.
Lies die Regeln. Was fällt dir auf?

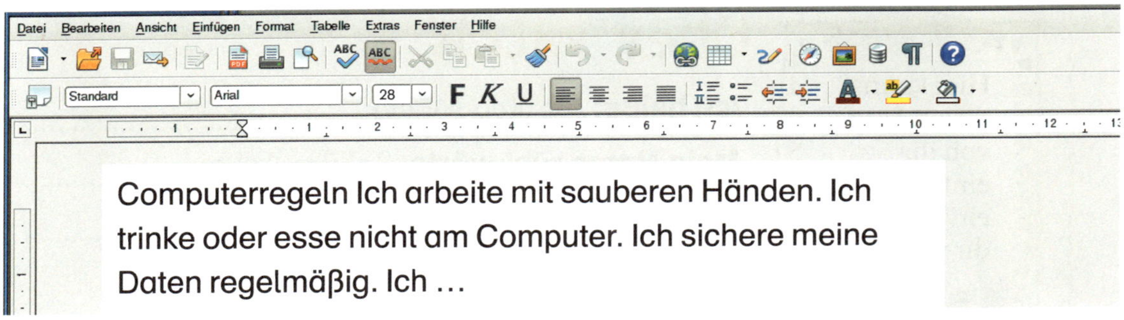

2 Schreibe die Computerregeln am Computer ab.
Öffne eine Schreib-Datei. Speichere die Datei.

3 Gestalte den Text übersichtlich:

- Wähle eine Ausrichtung für die Überschrift.
- Füge Absätze ein.
- Füge Aufzählungszeichen ein.

4 Gestalte das Aussehen des Textes:

- Wähle eine Schriftart. Arial
- Ändere die Größe der Schrift. 12
- Wähle eine Farbe. A
- Wähle **fett**, *kursiv* oder <u>unterstrichen</u>. F K U

Drucke deinen fertigen Text aus und klebe ihn hier ein.
Du kannst das Blatt dazu falten.

Eine Freundebuch-Seite gestalten

1 Lies die Seite aus dem Freundebuch. Was erfährst du über das Kind?

So sehe ich aus

Hier kannst du ein Foto von dir einfügen oder ein Bild von dir malen.

Über mich

Ich heiße: Matilda Müller

Mein Name rückwärts: Rellüm Adlitam

So würde ich am liebsten heißen: Cora

So alt bin ich schon: 9

Das sammle ich gern: Federn

Ich bin Experte in: Ausschlafen

Besonders ekelig finde ich: Schneckenschleim

Das ist mir schon mal passiert: Ich bin in einen Hundehaufen getreten.

Fernsehen ☺

Freunde treffen ☺

Musik hören ☺

Buch lesen ☹

Computerspiele ☺

Sport treiben 😐

So fügst du Emoticons ein:
:) macht den fröhlichen Smiley ☺
:| macht den Smiley mit dem „geraden“ Mund 😐
:(macht den traurigen Smiley ☹

2 Schreibe eine eigene Seite für ein Freundebuch.

3 Gestalte die Seite mit Buntstiften. **Oder:** Probiere aus:

- Schriftgrößen 12, 14, 16, 20 und 28,
- rot, blau, grün, **fett**, *kursiv* und <u>unterstrichen</u>.

Gestaltet ein Freundebuch für eure Klasse.
Was wollt ihr über eure Freunde erfahren? Sammelt Ideen.

Nomen und Nomen zusammensetzen

1 Welche verschiedenen Papiere sind auf dem Bild? Markiere die Namen.

2 Zerlege jedes zusammengesetzte Nomen aus Aufgabe 1 in zwei Nomen. Markiere den Artikel und das Grundwort **Papier**.

das Briefpapier: der Brief + das Papier,

Merksatz

Zusammengesetzte Nomen (Substantive) setzen sich aus einem Bestimmungswort und einem Grundwort zusammen.
Der Artikel richtet sich immer nach dem Grundwort.

*der Brief + das Papier → **das** Brief**papier***

Manchmal wird ein Verbindungsbuchstabe eingefügt.

*die Linie + das Papier → das Linie**n**papier*

3 Setze die Nomen zusammen. Markiere bei den zusammengesetzten Nomen den Artikel und das Grundwort.

Computer + Spiel • Wetter + Vorhersage • Kino + Film • Radio + Sender
Internet + Adresse • Liebe + Brief • Unterricht + Stunde • Brief + Kasten

der Computer + das Spiel: das Computer-
spiel,

4 Wähle drei zusammengesetzte Nomen aus Aufgabe 1 und 3.
Schreibe einen Satz, der das Grundwort erklärt.
Schreibe so: das Druckerpapier: Druckerpapier ist Papier für den Drucker.

Verben in Gegenwart und Vergangenheit

1 Lies den Text. Setze die Verben richtig ein.

gab • schrieb • telefonierte • suchte
gibt • schreibt • telefoniert • sucht

Früher gab ______ es keine Computer, Tablets oder Smartphones.

Man ______ Briefe, um sich etwas mitzuteilen, oder

man ______ von zu Hause aus mit einem Festnetztelefon.

Informationen ______ man in einem Lexikon.

Heute ______ es verschiedene digitale Geräte.

Man ______ E-Mails, um sich etwas mitzuteilen, oder

man ______ von unterwegs mit einem Smartphone.

Informationen ______ man im Internet oder in einem Lexikon.

2 Lies die Sätze. Ergänze das Verb in der Gegenwart oder in der Vergangenheit.

geht • spielte • spielt • fuhr • fährt

Früher ging ______ Lisa in den Kindergarten. Heute ______ Lisa in die Schule. Früher ______ Emre in der Sandkiste. Heute ______ Emre lieber Verstecken. Früher ______ Selina mit dem Dreirad. Heute ______ Selina mit dem Fahrrad.

Merksatz

Verben können in verschiedenen Zeitformen stehen.
Passiert etwas jetzt in der Gegenwart, steht das Verb im Präsens.
*Sie **sucht**.* (jetzt)
Passierte etwas früher in der Vergangenheit, steht das Verb im Präteritum.
*Sie **suchte**.* (früher)

3 Markiere die Grundform und die beiden Zeitformen der Verben in der gleichen Farbe.

sie liest · speichern · finden · er entdeckt

er entdeckte · sie las · suchen · lesen · er findet

er fand · du suchtest · sie kauft · ich speicherte · du suchst

sie kaufte · ich speichere · kaufen · entdecken

4 Ordne die Verben in den Zeitformen in die Tabelle. Schreibe die Grundform dazu.

ich will · ihr schicktet · er brachte · ich las · wir packen · sie klingeln
du schriebst · er grüßte · du schreibst · er grüßt · er bringt
ich lese · sie klingelten · ihr schickt · wir packten · ich wollte

Präsens (heute)	Präteritum (früher)	Grundform
ich will		wollen
	ihr schicktet	

5 Ergänze die Tabelle mit eigenen Verben. Du kannst dazu die Wörterliste nutzen.

Gewusst wie: Fehlerwörter üben

So kannst du Wörter in einer Woche mit einem **Knickdiktat** üben.

Lies das erste Wort genau.
Merke dir schwierige Stellen.

Knicke die 1. Spalte nach hinten.
Schreibe das Wort **auswendig** auf.

Knicke die 1. Spalte nach vorne.
Lies das nächste Wort **genau**.
Merke dir schwierige Stellen.
Knicke die 1. Spalte wieder nach hinten.
Schreibe das Wort **auswendig** auf.
So übst du **alle Wörter**.

Knicke die 1. Spalte nach vorne.

Kontrolliere alle Wörter:
Hast du sie richtig geschrieben?

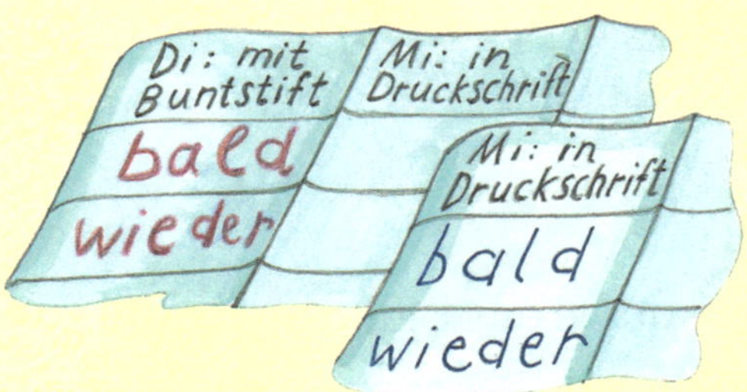

Übe eine Woche lang die Wörter mit dem Knickdiktat.

Knicke dazu immer eine Spalte mehr nach hinten.

Was ist wichtig, wenn du Fehlerwörter mit dem Knickdiktat üben willst? Kreuze an.

- ☐ Ich lese das Wort genau und merke mir schwierige Stellen.
- ☐ Ich kontrolliere meine Schreibung mit der ersten Spalte.
- ☐ Ich übe die Wörter einen Tag lang.

1 Zeichne für das Knickdiktat eine Tabelle mit sechs Spalten.

2 Schreibe die Fehlerwörter aus dem Beispiel oder eigene Fehlerwörter in die erste Spalte.

Spalte

Zeile

Fehlerwörter	Mo.: mit Bleistift	Di.: mit Buntstift	Mi.: in Druckschrift	Do.: in Schreibschrift	Fr.: mit Partnerkind
bald					
wieder					
dann					
groß					
kommt					
hat					
hält					
wir					
zurück					
sehr					

hier knicken

3 Übe eine Woche lang deine Fehlerwörter mit dem Knickdiktat.
Schreibe am Montag mit Bleistift, am Dienstag mit Buntstift …
Mache ein Kreuz für jeden Tag, an dem du geübt hast.

☐ Mo. ☐ Di. ☐ Mi. ☐ Do. ☐ Fr.

Klebe hier dein fertiges Knickdiktat ein. Du kannst das Blatt dazu falten.

Schwierige Wörter merken

M

Merk's dir! M

Lies das Wort **genau**. **Schreibe** das Wort **ab**. **Flüstere** dabei mit. Markiere schwierige Stellen.

Schreibe die Wörter am Computer:
- in verschiedenen Schriften
- in den Schriftgrößen 14, 20
- rot, blau, grün

Drehe die Sanduhr um. **Schreibe** so viele Wörter **ab**, wie du kannst.

Schreibe mit dem Wort einen **Satz**.

Diktiere die Wörter Buchstabe für Buchstabe einem Partnerkind.

Fremdwörter merken

1 Schreibe die Wörter ab. Flüstere dabei mit. Markiere schwierige Stellen.

Smartphone • Computer • Tablet • E-Mail • E-Book
mailen • chatten • surfen • App • Virus • Website

2 Drehe die Sanduhr um. Schreibe so viele Fremdwörter ab, wie du kannst.

3 Schreibe mit den Wörtern aus Aufgabe 1 einen Satz.

STARK: Alle Strategien üben

1 Lies den Text. Sieh dir die Fehlerwörter genau an.

gibt ⟷

Es gipt Computer, Tablets oder Smartphones. mit

diesen Geräten kan man eine E-Mail verschicken

oder mit Freunden chatten. Dabei sollte man

regeln beachten. Den Anhang einer unbekannten

E-Mail sollte man nicht einfach öfnen.

Der Computer kann vor Wiren geschützt werden.

2 Sprecht über jedes Fehlerwort. Wie wird es richtig geschrieben?
Welche Strategie hilft euch?

3 Schreibe jedes Fehlerwort richtig auf. Nutze dazu die freien Zeilen.
Schreibe auch die passende Strategie dazu.

4. Schreibe den Text richtig ab. Ergänze einen Schlusssatz.

AH, FH, FB S. 51

Das kann ich schon

Rechtschreibtraining

Tim und Lena wollen wissen, wie das Internet funktioniert. Sie finden viele Links. Endlich haben sie eine gute Website gefunden. Dort lesen sie: Das Internet ist eine Verbindung von sehr vielen Computern auf der ganzen Welt. Die Computer sind mit Kabeln oder Funksignalen verbunden. Tim und Lena wissen, dass man mit vielen Geräten ins Internet kommen kann. Sie kennen einen Computer, ein Tablet und ein Smartphone. Sie wissen, dass im Internet aber auch Gefahren lauern. Mit ihrer Klasse haben sie Regeln aufgeschrieben. Beide können sicher im Internet surfen.

Fremdwörter merken

1 Trage die Lösungen ein.

Emoticon • Interview • Lexikon • Power • Router
Smartphone • Sound • surfen • USB-Stick

Ein Wort für Strom oder Kraft: Power

Bezeichnung für Klang: ______

Ein Gerät, das Datenpakete weiterleitet: ______

Zeichen, das ein Gefühl ausdrückt: ______

Datenspeicher, den man transportieren kann:

______

Ein mobiles Telefon mit vielen Anwendungen:

______

Im Internet nach etwas suchen: ______

Ein Gespräch, bei dem jemand gezielte Fragen beantwortet:

______

Ein Wörterbuch: ______

Übungswörter

das Funksignal
die Gefahr
das Gerät
das Internet
der Link
das Smartphone
das Tablet
die Website
es funktioniert
funktionieren
sie surft
surfen
es verbindet
verbinden
gut
sicher

aber
auch
ins
und

Diese Seite fand ich:
○ leicht ○ mittel ○ schwer

Nomen und Nomen zusammensetzen

2 Zerlege jedes zusammengesetzte Nomen in zwei Nomen.
Markiere den Artikel und das Grundwort **Buch**.

● Schulbuch, ● Freundebuch, ● Gästebuch, ● Mathematikbuch, ● Märchenbuch, ● Kochbuch, ● Tagebuch, ● Wörterbuch, ● Kinderbuch, ● Bilderbuch, ● Taschenbuch

das Schulbuch: die Schule + das Buch,

Diese Seite fand ich:
○ leicht ○ mittel ○ schwer

3 Setze die Nomen zusammen. Markiere bei dem zusammengesetzten Nomen den Artikel und das Grundwort.

Sport + Stunde • Fuß + Ball • Auto + Tür • Zimmer + Pflanze • Tafel + Schwamm
Tisch + Bein • Flasche + Post • Kind + Zimmer • Klasse + Raum • Schule + Hof
Tasche + Lampe • Regen + Wolke • Hand + Schuh

der Sport + die Stunde: die Sportstunde,

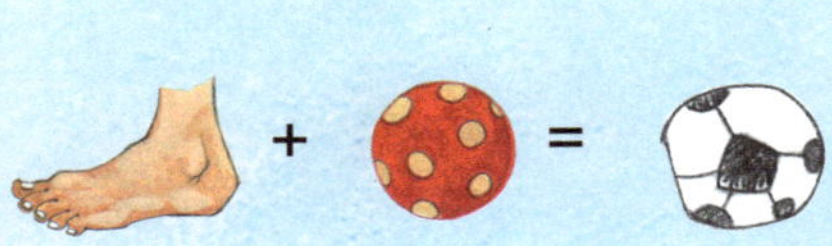

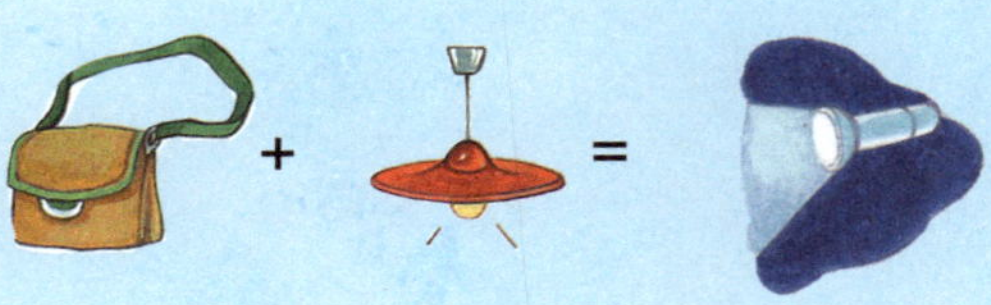

Diese Seite fand ich:
○ leicht ○ mittel ○ schwer

Verben in Gegenwart und Vergangenheit

4 Ordne die Verben in den Zeitformen in die Tabelle. Schreibe die Grundform dazu.

wir geben • ich sprach • sie lachten • er liest • sie zeigt • sie singt
du schreibst • sie zeigte • ich fand • er las • ich spreche
du schriebst • wir gaben • sie lachen • ich finde • sie sang

Präsens (heute)	Präteritum (früher)	Grundform
wir geben	wir gaben	geben

Alle Strategien üben

Markiere die Fehlerwörter. Schreibe die passenden Strategiezeichen darüber.

mit dem Komputer könen wir im internet surfen. (4)

Schreibe nun den ganzen Satz richtig auf.

____

____

Diese Seite fand ich:
○ leicht ○ mittel ○ schwer

Jahreszeiten und Feste

fallen

● Eiskristall

● Zugvogel

grau

pflücken

● Löwenzahn

● Eidechse

kahl

sammeln

● Reif

● Sonnenblume

reif

wehen

Übe die Wörter auf der Rückseite.

unreif

Kontrolliere mit der Vorderseite.

Alles richtig?

Hier schreibe ich Wörter, Texte, Ideen und Fragen zum Bild auf.

Durch das Jahr: Silvester und Neujahr

Silvesterbräuche

Deutschland: Am Silvestertag, dem 31. Dezember, wünschen sich die Menschen einen guten Rutsch. Damit wünschen sie sich gegenseitig einen guten Beginn des neuen Jahres. Der Abend wird oft mit Freunden zusammen verbracht. Es wird gefeiert, getanzt, gespielt, gegessen. Um Mitternacht läuten die Kirchenglocken und gleichzeitig zischen bunte Raketen in den Himmel.

Spanien: Wenn in Spanien um Mitternacht die Glocken zwölfmal schlagen, versuchen die Menschen, sich mit jedem Glockenschlag eine Weintraube in den Mund zu stecken. Die Trauben sind ein Zeichen für die vergangenen zwölf Monate des alten Jahres und die kommenden Monate des neuen Jahres. Wer es schafft, die Trauben in der Zeit der Glockenschläge zu essen, darf sich etwas wünschen.

Brasilien: Die Menschen in Brasilien tragen an Silvester gern weiße Kleidung. Die Farbe Weiß steht für Reinheit und Sauberkeit, mit der man das neue Jahr beginnen möchte. Oft werden auch viele bunte Kerzen angezündet. Mit den Kerzen verbunden sind die guten Wünsche für das neue Jahr.

China: Der Neujahrstag wird am Tag des ersten Neumonds nach dem 21. Januar gefeiert. Am Abend zuvor kommt die Familie zu einem Festessen mit Hühnchen und Fisch zusammen. Das Wort für „Fisch" klingt auf Chinesisch wie das Wort für „Überfluss". Damit der Wohlstand nicht vergeht, wird der Fisch nicht vollständig aufgegessen.

Wie feierst du Silvester?

Das alte Jahr hat's schlau gemacht,
Fort ist's bei Nebel und bei Nacht.
Zum großen Glück für fern und nah,
war auf der Stell ein andres da.

Johann Peter Hebel

Schreibe die neue Jahreszahl als Wort auf:

____

____

Mein Wunsch für das Jahr 20____:

____

____

____

____

	Deutsch	Frohes Neues Jahr!
	Spanisch	¡Feliz Año Nuevo!
	Englisch	Happy New Year!
	Chinesisch	新年快樂
	Griechisch	καλή χρονιά! ευτυχές το νέον έτος!
	Französisch	Bonne Année!
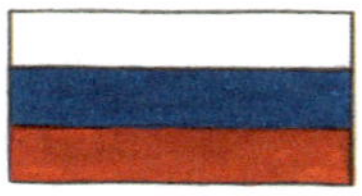	Russisch	С новым годом!

Durch das Jahr: Frühling

Leise zieht durch mein Gemüt
liebliches Geläute,
klinge, kleines Frühlingslied,
kling hinaus ins Weite.

Kling hinaus bis an das Haus,
wo die Blumen sprießen.
Wenn du eine Rose schaust,
sag, ich lass sie grüßen.

Heinrich Heine

Von welcher Blume handelt das Gedicht **Federball**? Male sie.

Federball
Hoch am Stängel, weiß und prall
nickt ein runder Federball.
Samenschirmchen dicht bei dicht,
Löwenzahn Laternen-Licht.
Zupft der Wind mit losem Finger,
löst die hellen, leichten Dinger.
Schweben Schirmchen überall.
Und der Wind spielt Federball.

Lisa-Marie Blum

Eine Löwenzahn-Rohrleitung bauen

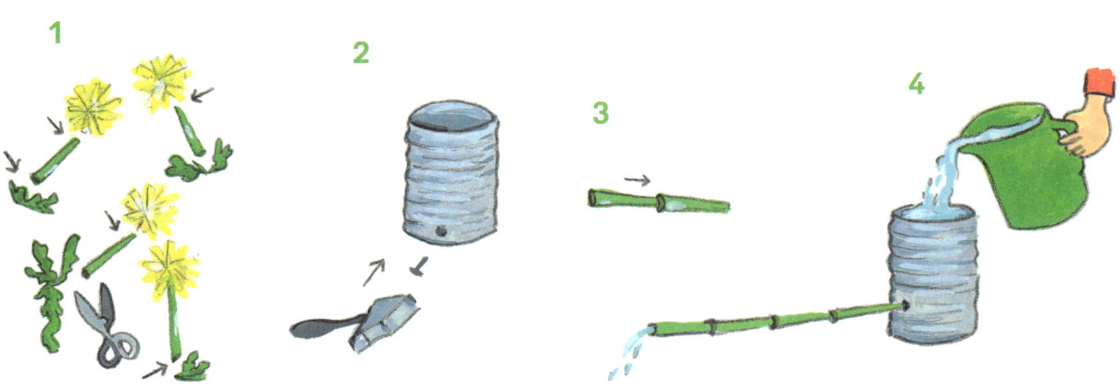

Ihr könnt selbst eine Löwenzahn-Rohrleitung bauen. Notiert euch, was ihr braucht. Besprecht, was jeder mitbringt.

Wir brauchen: ______________________________

____

Durch das Jahr: Frühling

1 Lies den Text.

Der Löwenzahn

Der Löwenzahn wird auch Kuhblume, Butterblume oder Kettenkraut genannt. Er ist eine Wildpflanze und wächst fast überall: in Gärten, auf Feldern und Wiesen, am Straßenrand, auf Schutthalden und in Mauerritzen.

Eine Löwenzahnpflanze kann 10 bis 50 Zentimeter groß werden. Ihre kräftige Wurzel reicht mehrere Meter tief in die Erde. Die Stiele sind innen hohl. Sie sind sehr stabil und enthalten einen klebrigen weißen Saft. Die Blätter des Löwenzahns sind länglich und gezackt. Seine Blüten sind leuchtend gelb. Sie bestehen aus vielen kleinen Blütenblättern und erinnern an eine Löwenmähne.

Löwenzahn blüht meistens im April und Mai. Nach dem Ende der Blütezeit schließen sich die grünen Kelchblätter. Im Inneren wachsen nun die Löwenzahnsamen heran. Aus jeder kleinen Blüte wird ein Samenkorn mit einem Schirmchen. Wenn sich die Kelchblätter wieder öffnen, ist aus dem Löwenzahn eine Pusteblume geworden. Durch den Wind können die Samen weit fortgetragen werden. Dort, wo die Samen auf den Boden fallen, entsteht eine neue Löwenzahnpflanze.

Da er sich schnell ausbreitet, wird der Löwenzahn von vielen Menschen als Unkraut angesehen. Dabei hat der Löwenzahn viele nützliche Eigenschaften. So kann man seine Blätter zu Salat und seine Blüten zu Honig verarbeiten. Außerdem wird der Löwenzahn als Heilpflanze eingesetzt, die bei Verdauungsproblemen hilft. Die Samen des Löwenzahns wurden in der Forschung als Vorbild für die Entwicklung des Fallschirms genutzt.

2 Lies die Sätze. Markiere nur die Aussagen, die stimmen.

- Der Löwenzahn wird auch Butterblume genannt.
- Der Stiel des Löwenzahns enthält einen gelben Saft.
- Die Blätter des Löwenzahns sind länglich und gezackt.
- Löwenzahn blüht meistens im April und Mai.
- Aus den Löwenzahnblüten kann man Salat herstellen.

Eiskristalle

Wenn es kalt genug in den Wolken ist, bilden sich um kleine Staubkörnchen in der Luft Eiskristalle. Sie sind immer sechseckig. Durch ihr Gewicht fallen sie langsam zur Erde hinunter. Dabei bleibt immer mehr Wasser daran hängen und es wachsen sechseckige Kristallsterne heran. Unter einem Mikroskop sieht man, wie schön sie sind. Schneeflocken bestehen aus vielen Eiskristallen, die zusammenhängen.

Zeichne selbst Schneekristalle.

Christmas is coming

Text/Musik: traditionell aus England
Bearbeitung/Gestaltung: Uli Peters

Durch das Jahr: Winter

1 Lies den Text. Male die drei Männer aus Schnee.

Drei Männer aus Schnee

Am Waldrand stehen drei Männer aus Schnee. Der Schneemann ganz links steht unter einem Baum. Er ist der kleinste und besteht nur aus zwei Schneekugeln. Der Schneemann in der Mitte ist größer als der rechte. Beide sind aus drei Kugeln gebaut. Alle Schneemänner haben einen Topf als Hut auf dem Kopf. Ein roter Topf schmückt den rechten Schneemann, ein schwarzer den linken und ein brauner den letzten Schneemann. Die Augen der drei Männer sind schwarze Steine, die Nasen sind ganz lange Möhren. Der kleinste Schneemann hat auch schwarze Steine als Mund. Die anderen beiden haben einen Mund aus einem braunen Ast. Der rechte Schneemann hat auch noch Arme aus braunen Ästen. Der linke Arm ist viel länger als der rechte Arm. Um den Hals des größten Schneemanns ist ein dicker Schal geschwungen. Grün und weiß gestreift flattert er im Wind.

Male den beiden anderen Schneemännern auch noch einen besonderen Schal.

Durch das Jahr: Winter

Die Sterntaler

Es war einmal ein kleines Mädchen, dem waren der Vater und die Mutter gestorben und es war so arm, dass es kein Kämmerchen mehr hatte, darin zu wohnen, und kein Bettchen mehr, darin zu schlafen, und endlich gar nichts mehr als die Kleider auf dem Leib und ein Stückchen Brot in der Hand, das ihm ein mitleidiges Herz geschenkt hatte. Es war aber gut und fromm. Und weil es so von aller Welt verlassen war, ging es im Vertrauen auf den lieben Gott hinaus ins Feld.

Da begegnete ihm ein armer Mann, der sprach: „Ach, gib mir etwas zu essen, ich bin so hungrig." Es reichte ihm das ganze Stückchen Brot und sagte: „Gott segne dir's", und ging weiter. Da kam ein Kind, das jammerte und sprach: „Es friert mich so an meinem Kopfe, schenk mir etwas, womit ich ihn bedecken kann." Da tat es seine Mütze ab und gab sie ihm. Und als es noch eine Weile gegangen war, kam wieder ein Kind und hatte kein Leibchen an und fror: Da gab es ihm seins.

Und noch weiter, da bat eins um ein Röcklein, das gab es auch von sich hin. Endlich gelangte es in einen Wald und es war schon dunkel geworden, da kam noch eins und bat um ein Hemdchen und das fromme Mädchen dachte, es ist dunkle Nacht, da sieht dich niemand, du kannst wohl dein Hemd weggeben, und zog das Hemd ab und gab es auch noch hin. Und wie es so dastand und gar nichts mehr hatte, fielen auf einmal die Sterne vom Himmel und waren lauter harte, blanke Taler; und ob es gleich sein Hemdlein weggegeben, so hatte es ein neues an und das war vom allerfeinsten Linnen. Da sammelte es sich die Taler hinein und war reich für sein Lebtag.

Brüder Grimm

1 Sieh dir die farbigen Nummern im Bild an. Was gibt das Mädchen jeweils ab? Markiere die Stellen im Text in der passenden Farbe.

2 Was gewinnt das Mädchen am Ende? Male noch mehr davon ins Bild.

Das große Quiz

Wir in der Schule

Was hat Sofie zu Hause vergessen?

A die Federmappe | F die Brotdose | L den Zeichenblock

Kartoffeln, Kartoffeln

Welches Land regierte König Friedrich der Große?

G Frankreich | O Preußen | K Südamerika

Fledermäuse

Welche Fledermausart gibt es nicht?

T Großes Hühnerbein | M Kleines Mausohr | B Großer Abendsegler

Geheimnisvolles

Was für ein Tier ist Nickel?

Q ein Hund | T eine Katze | O ein Meerschweinchen

Digital unterwegs

Was bedeutet dieses Zeichen? 

H Dokument drucken | S Dokument speichern | N Dokument löschen

Bei den Wikingern

Was kauft Oolf für Hildigunn auf dem Markt in Haithabu?

E einen Kamm | R eine Tasche | I eine Mütze

Unser Wetter

Wie weit kann man im dichten Nebel sehen?

U 1000 Meter | C 5 Meter | F 50 Meter

Phänomenal!

Was kann der Roboter ASIMO nicht?

O tanzen | J Treppen steigen | F rennen

Am Teich

Wie viele Flügel haben Libellen?

S 3 | E 4 | D 6

Hier leben wir

Wie heißt die größte deutsche Insel?

L Borkum | K Rügen | W Sylt

Jahreszeiten und Feste

Wie viele Weintrauben isst man in Spanien in der Silvesternacht?

T 12 | P 2 | E 24

Lösung: ☐ ☐ ☐ ☐ ☐ ☐ ☐ ☐ ☐ ☐ ☐

	Lesen	Sprechen
Wir in der Schule	• Postkarten, Gedicht und Kinderbuch lesen: S. 7/8 • Fragen zum Text beantworten: S. 9 • Sich in eine Figur hineinversetzen: S. 10	• Diskutieren und eine Lösung finden: S. 11 • Eigene Gefühle äußern: S. 12
Kartoffeln, Kartoffeln	• Rätsel, Sprichwörter und Kinderbuch lesen: S. 27/28 • Informationen im Text finden: S. 29 • Stichworte nutzen: S. 30 • Ein Schaubild lesen: S. 31	• Einen Text mit der Stimme gestalten: S. 32
Fledermäuse	• Liste, Plakat und Kinderbuch lesen: S. 47/48 • Stichworte in einem Sachtext finden: S. 49 • Stichworte finden und anwenden: S. 50	• **Gewusst wie:** Einen Vortrag vorbereiten: S. 51/52
Geheimnis-volles	• Anleitung, Lexikontext und Kinderbuch lesen: S. 67/68 • Einen Text lebendig vorlesen: S. 69 • Sich etwas Gelesenes vorstellen: S. 70 • Einen Text verstehen: S. 71	• Ein Gedicht mit unterschiedlicher Betonung sprechen: S. 72
Digital unterwegs	• Witze, Gedicht und Kinderbuch lesen: S. 87/88 • In einem Lexikon lesen: S. 89 • Zwischenüberschriften finden: S. 90 • Ein Diagramm lesen: S. 91	• Meinungen begründen: S. 92
Bei den Wikingern	• Sachtexte, Karte und Kinderbuch lesen: S. 107/108 • Mit W-Fragen einen Text verstehen: S. 109 • Über einen Text nachdenken: S. 110	• Ein Lied spielen: S. 111 • Eine Szene spielen: S. 112
Unser Wetter	• Sachtext, Lied und Kinderbuch lesen: S. 127/128 • Verschiedene Anleitungen verstehen: S. 129 • Eine Anleitung umsetzen: S. 130	• Informationen aus Bild und Text wiedergeben: S. 131 • Ein Gedicht lebendig vortragen: S. 132
Phänomenal!	• Tabelle, Lexikontext und Kinderbuch lesen: S. 147/148 • **Gewusst wie:** Texte lesen und verstehen: S. 149/150 • Eine Bildanleitung lesen: S. 151	• Sich über einen Text austauschen (Methode Kugellager): S. 152
Am Teich	• Gedichte und ein Kinderbuch lesen: S. 165/166 • Genau lesen: S. 167 • Fabeln kennenlernen: S. 168 • **Gewusst wie:** Informationen in Medien finden: S. 169/170 • Unterschiedliche Texte vergleichen: S. 171	• Zum Nachdenken anregen: S. 172
Hier leben wir	• Merkverse und Kinderbuch lesen: S. 185/186 • Sich Gedanken über einen Text machen: S. 187/188 • Informationen aus Sachtexten entnehmen: S. 189	• Eine Begründung finden: S. 190
Jahreszeiten und Feste	• Gedichte und Lieder kennen, Anleitungen verstehen, Texten Informationen entnehmen, Sprachen vergleichen: S. 203–216	

Texte schreiben	Sprache untersuchen	Richtig schreiben
• Regeln aufschreiben und begründen: S. 13 • Lob aufschreiben: S. 14	• Nomen: S. 15/16 • Adjektive: S. 17/18 • Verschiedene Satzarten: S. 19	• Wörter nach dem Alphabet ordnen: S. 20 • **Strategie** Verwandte Wörter finden; Wörter mit **ä** oder **e**, **äu** oder **eu**: S. 21 • **STARK** üben: S. 22
• Treffende Verben finden: S. 33/34 • Ein Rezept aufschreiben: S. 35/36	• Verben: S. 37 • Wortbausteine verändern Verben: S. 38	• Wörter mit doppelten Mitlauten: S. 39 • Wörter mit **V** oder **v**: S. 40 • **Strategie** Länge des Selbstlautes prüfen: S. 41 • **STARK** üben: S. 42
• Eine Mind-Map schreiben: S. 53 • Ein Informationsplakat gestalten: S. 54	• Verben: Grundform, Personalform: S. 55/56 • Wortstamm und Wortfamilie: S. 57	• Verben im Wörterbuch finden: S. 58 • **b** oder **p**, **d** oder **t**, **g** oder **k?**: S. 59/60 • **Strategie** Nomen großschreiben; Nomen für Gefühle: S. 61 • **STARK** üben: S. 62
• Eine spannende Geschichte planen: S. 73/74 • Eine spannende Geschichte schreiben: S. 75/76 • **Gewusst wie:** Texte überarbeiten: S. 77/78	• Wörtliche Rede: S. 79 • Begleitsätze: S. 80	• Wörter mit **ß**: S. 81 • Wörter trennen: S. 82
• Am Computer schreiben: S. 93 • Eine Freundebuch-Seite gestalten: S. 94	• Nomen und Nomen zusammensetzen: S. 95/96 • Verben in Gegenwart und Vergangenheit: S. 97/98	• **Gewusst wie:** Fehlerwörter üben: S. 99/100 • **Strategie** Schwierige Wörter merken; Fremdwörter merken: S. 101 • **STARK** üben: S. 102
• Treffende Adjektive finden: S. 113/114 • Personen beschreiben: S. 115/116	• Pronomen kennenlernen: S. 117 • Satzglieder wiederholen: S. 118	• Wörter mit **aa**, **ee**, **oo**: S. 119 • Wörter mit **ss**: S. 120 • **Strategie** Wörter in Silben gliedern und abhören: S. 121 • **STARK** üben: S. 122
• Eine Geschichte weiterschreiben: S. 133 • Ein Parallelgedicht schreiben: S. 134	• Mit Adjektiven verglei-chen: S. 135/136 • Adjektive mit **ig** oder **lich**: S. 137/138	• Wörter mit **chs**: S. 139 • Wörter mit **tz** oder **ck**: S. 140 • **Gewusst wie:** Rechtschreibung überprüfen: S. 141/142
• Einen Text nach einer Vorlage schreiben: S.153 • Informationen und Werbung unterscheiden: S. 154	• Das Prädikat: S. 155/156 • Verben und Nomen zusammensetzen: S. 157/158	• Wörter mit **ie** oder **i**: S. 159 • Wörter mit stummem **h**: S. 160
• Einen Steckbrief schreiben: S. 173 • Eine Bastelanleitung schreiben: S. 174	• Das Subjekt: S. 175/176 • Subjekt und Prädikat: S. 177/178	• Wörter mit **tz** oder **z**: S. 179 • Wörter mit **ck** oder **k**: S. 180
• Nach Anregung schreiben: S. 191/192 • Über ein Erlebnis schreiben: S. 193	• Dialekt verstehen: S. 194 • Nachgestellter Begleitsatz: S. 195/196	• Texte mit dem Computer überprüfen: S. 197 • Silbentrennendes **h**: S. 198

Quellenverzeichnis

Textquellen

7 **Burkhardt, Lavinia**: Die Reisetasche. Aus: Hans-Joachim Gelberg (Hrsg.): Glücksvogel. Geschichten, Gedichte und Bilder. © 2013 Beltz & Gelberg in der Verlagsgruppe Beltz, Weinheim & Basel

8 **Auer, Margit**: Die Schule der magischen Tiere. Carlsen Verlag, Hamburg 2015 (◇ Ausschnitt, gekürzt)

9 **Härtling, Peter**: Sofie vergisst eigentlich nichts. Aus: Sofie macht Geschichten. © 1969 Beltz & Gelberg in der Verlagsgruppe Beltz, Weinheim & Basel (◇ gekürzt und vereinfacht)

10 **Moost, Nele**: Wenn die Ziege schwimmen lernt. © 2010 Beltz & Gelberg in der Verlagsgruppe Beltz, Weinheim & Basel (◇ Ausschnitt)

27 **Goethe, Johann Wolfgang von**: Cartoffeln. Aus: Goethes Werke. Weimarer Ausgabe, III. Abteilung, Bd. 5, S. 122–129

28 **Kästner, Erich**: Anton kocht. Aus: Pünktchen und Anton. Atrium Verlag, Zürich 1999 (◇ Ausschnitt, gekürzt)

32 **Preußler, Otfried**: Der kleine Wassermann. Stuttgart: Thienemann 2007 (◇ Ausschnitt, gekürzt)

48 **Dumon Tak, Bibi**: Die Zwergfledermaus. Aus: Mücke, Maus und Maulwurf. Die allernormalsten Tiere der Welt. Aus dem Niederländischen von Meike Blatnik. Hanser Verlag, München 2016

68, 69 **Szillat, Antje**: Flätscher. Aus: Flätscher. Die Sache stinkt! Deutscher Taschenbuch Verlag, München 2016 (4. Aufl.) (◇ Ausschnitt, gekürzt)

70 **Weber, Benedikt**: Ein Fall für die schwarze Pfote. Aus: Ein Fall für die schwarze Pfote. Hugo auf heißer Spur. Tulipan Verlag, München 2011 (◇ Ausschnitt, Überschrift geändert)

71 **Beckerhoff, Florian**: Nickel und Horn. Aus: Nickel und Horn. Zwei Detektive mit Durchblick. Thienemann-Esslinger Verlag, Stuttgart 2017 (◇ Ausschnitt)

72 **Morgenstern, Christian**: Gruselett. Aus: Haffmans, Gerd (Hrsg.): Galgenlieder. Insel Verlag, Frankfurt 2005

72 Finster, finster. Musik und Text mündlich überliefert. Aus: Lollipop. Liederbuch für die Grundschule. Cornelsen Verlag, Berlin 2001

87 **Naoura, Salah**: Hilfe! Aus: Hans-Joachim Gelberg (Hrsg.): Glücksvogel. Geschichten, Gedichte und Bilder. © 2013 Beltz & Gelberg in der Verlagsgruppe Beltz, Weinheim & Basel

88 **Kling, Marc-Uwe**: Der Tag, an dem die Oma das Internet kaputt gemacht hat. Carlsen Verlag, Hamburg 2018 (◇ Ausschnitt, gekürzt)

91 Ein Diagramm lesen (Überschrift hinzugefügt). Aus: Medienpädagogischer Forschungsverband Südwest (Hrsg.): KIM-Studie 2018. Freizeit und Medien (◇ Auszug). Basis: alle Kinder, n = 1.231

108 **Schwieger, Frank**: Die Sage vom Kriegsgott Odin. Aus: Erik der Wikingerjunge. Gerstenberg Verlag, Hildesheim 2018 (◇ Ausschnitt, gekürzt, Überschrift hinzugefügt)

111 **Schürjann, Markus; Dawson, Toni**: So wie die Wikinger. Die 30 besten Kinderlieder auf Weltreise. Lustige Lieder mit Instrumenten, Themen und Rhythmen aus 30 Ländern und Regionen. Lamp und Leute, Berlin 2012

127 **Pudelko, Walther; Blume, F. A.**: Nebel, Nebel, weißer Hauch (Lied). Aus: Musikanten, wir kommen. Bärenreiter Verlag, Kassel 1948

128 **Boie, Kirsten**: Sommer im Möwenweg. Oetinger Verlag, Hamburg 2006 (◇ Ausschnitt, gekürzt)

132 **Moser, Erwin**: Gewitter. Aus: Hans-Joachim Gelberg (Hrsg.): Überall und neben dir. © 1989 Beltz & Gelberg in der Verlagsgruppe Beltz, Weinheim & Basel

134 **Moser, Erwin**: Ich bin der Wind. Aus: Hans-Joachim Gelberg (Hrsg.): Diese Maus heißt Friederich. © 1990 Beltz & Gelberg in der Verlagsgruppe Beltz, Weinheim & Basel

148, 152 **Zeuch, Martin**: Vorbild Natur. Aus: Bionik. WAS IST WAS. Bd. 122. Tessloff Verlag, Nürnberg 2010 (◇ Ausschnitt, gekürzt)

165 **Johansen, Hanna**: Ein Frosch. Aus: Uwe-Michael Gutzschhahn (Hrsg.): Ununterbrochen schwimmt im Meer der Hinundhering hin und her. Das dicke Buch vom Nonsens-Reim für unterwegs und für daheim, für Groß und Klein, für Hund und Schwein und wer sonst mit dir schaut hinein. cbj, München, 2. Aufl. 2015

165 **Busch, Wilhelm**: Die beiden Enten und der Frosch. Paperless, 2016 (◇ Ausschnitt)

166 **Björk, Christina**: Linnéa im Garten des Malers. Aus dem Schwedischen von Angelika Kutsch. C. Bertelsmann Verlag, München 1985 (◇ Ausschnitt, gekürzt)

168 **Äsop**: Der Fuchs und der Storch. Aus: Svend, Otto S. u. Søren Christensen (Hrsg.): Der Storch und der Fuchs. Zwanzig Fabeln von Aesop. Aus dem Griechischen von Jürgen Lassig. Oetinger Verlag, Hamburg 1989

171 **Kammerhoff, Heiko**: Libellen. Aus: GEO mini. Gruner + Jahr, Hamburg 5/2018 (◇ Ausschnitt)

171 **Erhardt, Heinz**: Die Libelle. Aus: Das große Heinz Erhardt Buch. Fackelträger-Verlag, Hannover 1970 (◇ gekürzt)

185 **Bade, Eva; Thörner, Cordula**: Eselsbrücken. Merksätze, Gedichte und ganz viel Lustiges. Carlsen Verlag, Hamburg 2016 (◇ Ausschnitt)

186 **Grolms, Martin**: Ein fliegendes Rennpferd. Aus: Pinipas Abenteuer. Eine phantastische Deutschlandreise als Seifenblasenpilotin und Papierschiffmatrosin. Gruhnling, Aachen, 2. Aufl. 2015 (◇ Ausschnitt, gekürzt)

187, 188 **Tuckermann, Anja**: Immer wieder. Aus: Alle da! Unser kunterbuntes Leben. Klett Kinderbuch, Leipzig 2014 (◇ Ausschnitt)

204 **Hebel, Johann Peter**: Das alte Jahr hat's schlau gemacht. Aus: Hebels Werke Band 1. Aufbau Verlag, Berlin/Weimar 1984 (◇ gekürzt)

205 **Blum, Lisa-Marie**: Federball. Aus: Der kleine Bär kann fliegen. Geschichten von Tieren und Pflanzen. Gütersloher Verlagshaus Mohn, Gütersloh 1986

205 **Heine, Heinrich**: Leise zieht durch mein Gemüt. Aus: Briegleb, Klaus (Hrsg.): Heinrich Heine. Sämtliche Gedichte in zeitlicher Abfolge. Insel Verlag, Frankfurt/Leipzig 2005

207 **Britting, Georg**: Die Sonnenblume. Nymphenburger Verlagshandlung, München 1957

207 **Vonhoff, Heinz**: Eidechsen. Aus: Bühler, Ernst u. Lobeck, Margrit (Hrsg.): Scheine Sonne scheine. Kinderverse und Gedichte für die ersten Schuljahre. Verlag Freies Geistesleben, Stuttgart 1987

211 **Rettl, Christine**: Herbstpropeller. Aus: Ein Rucksack voll Gespenster. Verlag St. Gabriel, Mödling 1997

211 **Guggenmos, Josef**: Das letzte Blatt. Aus: Hans-Joachim Gelberg (Hrsg.): Wo kommen die Worte her? Neue Gedichte für Kinder und Erwachsene. Gedichte und Bilder aller Art. © 2015 Beltz & Gelberg in der Verlagsgruppe Beltz, Weinheim & Basel

213 **Christmas is coming**. Aus: Maierhofer, Lorenz (Hrsg.): Singen wir im Schein der Kerzen. Das Weihnachts- und Winterliederbuch. Text, Musik: Trad. aus England; Bearb./Gestaltung: Uli Peters. Helbling Verlag, Esslingen am Neckar 2010

215/216 **Grimm, Jacob und Wilhelm**: Die Sterntaler. Aus: Mönckeberg, Vilma u. Fromm, Lilo (Hrsg.): Die Märchentruhe. Ellermann, München 1997

Bildquellen

8 Cover: Auer, Margit: Die Schule der magischen Tiere. Hamburg: Carlsen Verlag, 2015; **10** Illus aus: Moost, Nele u. Kunstreich, Pieter: Wenn die Ziege schwimmen lernt. Eine Geschichte von Nele Moost. Mit Bildern von Pieter Kunstreich. Weinheim/Basel: Beltz & Gelberg, 2010; **19** Foto: Shutterstock.com/wavebreakmedia; **21** Blatt: Shutterstock.com/Tetiana Savaryn; **26** Ball: Shutterstock.com/Focus Stocker, Clown: Shutterstock.com/Kasefoto, Katze: Shutterstock.com/Eric Isselee, Seil: stock.adobe.com/Valerii Zan, Kissen: Shutterstock.com/Africa Studio; **28** Cover: Kästner, Erich: Anton kocht. In: Ders: Pünktchen und Anton. Zürich: Atrium Verlag, 1999; **30** Fotos v. ob. n. unt.: Shutterstock.com/FotoDuets, stock.adobe.com/yavdat, Shutterstock.com/maristos, Shutterstock.com/Grandpa; **31** Ernährungspyramide: BLE; **32** Cover: Preußler, Otfried: Der kleine Wassermann. Mit Illustrationen von Winnie Gebhardt. Stuttgart: Thienemann, 2007; **33** Foto: Heike Börner; **46** Foto: Shutterstock.com/Prostockstudio; **47** Fotos ob.: li.: Shutterstock.com/OgnjenO, Mi.: Shutterstock.com/CezaryKorkosz, re.: Shutterstock.com/Carl Allen; **47** Fotos unt.: Imago Stock & People GmbH/blickwinkel, unt.: Shutterstock.com/Ivan Kuzmin; **48** ob. Bildhälfte m. Fledermaus: Illu aus: Dumon Tak, Bibi: Mücke, Maus und Maulwurf. Die allernormalsten Tiere der Welt. Mit Illustrationen von Fleur van der Weel. Aus dem Niederländischen von Meike Blatnik. München: Hanser, 2016; **49** Foto Fledermaus: Shutterstock.com/Kirsanov Valeriy Vladimirovich; **50** Foto ob.: mauritius images/Science Photo Library, Foto unt.: dpa Picture-Alliance/blickwinkel/E. Menz; **54** Foto: Shutterstock.com/OgnjenO; **57** Foto: Shutterstock.com/FJAH; **58** Wörterbuch Cornelsen/Heike Börner; **61** Porträts v. li. n. re.: Shutterstock.com/3445128471, Shutterstock.com/Andrey Arkusha, Shutterstock.com/kwanchai.c, Shutterstock.com/DigitalFabiani, Shutterstock.com/Gelpi, Shutterstock.com/Palmer Kane LLC; **63** Fotos v. li. n. re.: Shutterstock.com/Meaning, Shutterstock.com/Rudmer Zwerver, Shutterstock.com/ATTILA Barsan; **68/69** Illus aus: Szillat, Antje u. Birck, Jan: Flätscher. Die Sache stinkt! München: dtv, 2016 (4. Aufl.); **71** Cover und Illu: Beckerhoff, Florian: Nickel und Horn. Zwei Detektive mit Durchblick. Mit Illustrationen von Barbara Scholz, Stuttgart: Thienemann-Esslinger Verlag, 2017; **73** Foto li.: Shutterstock.com/John Ray Gordon, Foto re.: Shutterstock.com/mRGB; **88** Cover und Illus: Kling, Marc-Uwe: Der Tag, an dem die Oma das Internet kaputt gemacht hat. Mit Illustrationen von Astrid Henn, Hamburg: Carlsen Verlag, 2018; **90** Router: Shutterstock.com/beboy; **93** Screenshot: Libre Office: The Document Foundation, Berlin; **97** Telefon: stock.adobe.com/blackday, Buch: stock.adobe.com/whitehoune, Briefumschlag: stock.adobe.com/niroworld; **127** Foto: Shutterstock.com/Valery Bareta; **128** Cover: Boie, Kirsten: Sommer im Möwenweg. Hamburg: Oetinger, 2006; **129** Fotohintergrund: stock.adobe.com/Arrows, Fotos Herstellung Regenmacher: Cornelsen/Ingrid Bartels; **130** Foto: Heike Börner; **136** Wettersymbole: stock.adobe.com/spiral media; **137** Wettersymbole: stock.adobe.com/tulpahn; **139** Illus Treibhauseffekt: Shutterstock.com/Gvardgraph, Shutterstock.com/Ziablik; **143** Eidechse: Shutterstock.com/Vitalii Hulai, Luchs: Shutterstock.com/Eric Isselee, Fuchs: stock.adobe.com/jimcumming88, Dachs: stock.adobe.com/waidmannsheil, Bulle: Shutterstock.com/Margo Harrison, Lachs: Shutterstock.com/azure1; **147** Hubschrauber: Shutterstock.com/EvrenKalinbacak, Klebefolie: Shutterstock.com/Nik Merkulov, Libelle: stock.adobe.com/nounours1, Geckofuß: Imago Stock & People GmbH/blickwinkel; **148** Schneckenklee: sciencephotolibrary/CLAUDE NURIDSANY & MARIE PERENNOU/Â/CLAUDE NURIDSANY & MARIE PERENNO, Helikopter: Shutterstock.com/kai celvin, **150** Fotos v. li. n. re.: stock.adobe.com/LianeM, mauritius images/alamy stock photo/UtCon Collection, stock.adobe.com/sabine hürdler; **151** Foto: Shutterstock.com/Tongsai; **152** Cover: WAS IST WAS Band 122 Bionik, Copyright © 2010, 2006 TESSLOFF VERLAG Nürnberg; **153** Foto: Heike Börner; **154** Ausrufezeichen: Shutterstock.com/NataLima, Taucherflossen: Shutterstock.com/objectsforall, Super: Shutterstock.com/NWM, Surfboard: Shutterstock.com/Sandra Hutter; **155** Klette ob.: stock.adobe.com/pit24, unt.: Panther Media GmbH/G. Temmen; **156** Klettverschluss: Shutterstock.com/Daniel Brasil; **157** Reißverschluss: mauritius images/alamy stock photo/Zoonar GmbH, Federn (Makro): Imago Stock & People GmbH/blickwinkel **160** Gecko: dpa Picture-Alliance/blickwinkel/F. Hecker, Geckofuß: Imago Stock & People GmbH/blickwinkel; **165** Zeichnungen „Die beiden Enten und der Frosch“: Wilhelm Busch; **166** Monet-Gemälde: Bridgeman Images/Monet, Claude (1840-.1926), Foto oben: Shutterstock.com/trang trinh; Porträt Monet: Shutterstock.com/Everett Historical; **167** Foto: Shutterstock.com/Wonder Life; **170** A: Shutterstock.com/Hintau Aliaksei, B: Shutterstock.com/Hintau Aliaksei, C: Shutterstock.com/Rosa Jay; **171** Libelle: Shutterstock.com/Potapov Alexander; **172** Füttern verboten: Shutterstock.com/majivecka, Foto: Shutterstock.com/Petr Lerch; **173** Foto: Shutterstock.com/Geza Farkas; 174 Fotos Bastelanleitung: Heike Börner; **177** Foto: Shutterstock.com/F.Neidl; **181** Foto li.: Shutterstock.com/Slawinka, Foto re.: Shutterstock.com/977_ReX_977; **185** Deutschlandkarte: Shutterstock.com/Studio Photo MH, 1: Shutterstock.com/bluecrayola, 2: Shutterstock.com/outdoorpixel, 3: Shutterstock.com/lichtmaster; **186** Illus: Grolms, Martin u. Kuhn, Annika: Pinipas Abenteuer. Eine phantastische Deutschlandreise als Seifenblasenpilotin und Papierschiffmatrosin. Mit Illustrationen von Annika Kuhn, Aachen: Gruhnling, 2. Aufl. 2015; **187** Illus und Text aus: Tuckermann, Anja u. Schulz, Tine: Alle da! Unser kunterbuntes Leben. Mit Illustrationen von Tine Schulz, Leipzig: Klett Kinderbuch, 2014; **191** Foto: Shutterstock.com/Iakov Filimonov; **196** Deutschland: Shutterstock.com/ElenVD, Essen v. li. n. re.: Shutterstock.com/Fanfo, Shutterstock.com/Karl Allgaeuer, Shutterstock.com/Barbara Brolsma, mauritius images/alamy stock photo/Alexander Mychko; **197** Druckerpresse: Shutterstock.com/Dja65; **202** Pumpernickel: Shutterstock.com/Shaiith, Frankfurter Grüne Soße: Shutterstock.com/Fanfo, Harzer Käse: Shutterstock.com/Bernd Schmidt, Schweinshaxe: Shutterstock.com/S. Kuelcue; **203** Deutschland: stock.adobe.com/John Smith, Spanien: Shutterstock.com/phatymak's studio, Brasilien: dpa Picture-Alliance/AP/Douglas Engle, China: mauritius images/alamy stock photo/David Wingate; **204** Foto: Cornelsen/Heike Börner; **206** v. ob. n. unt.: Shutterstock.com/Chipmunk131, Shutterstock.com/Harry Adam, Shutterstock.com/Richard z, Shutterstock.com/Niliane Fatima Pierok; **208** Ballons: Shutterstock.com/YM.Ku Shahril, Taucher: Shutterstock.com/Sergey Novikov, Kinder: Shutterstock.com/MURZINA EKATERINA; **211** Foto: Cornelsen/Heike Börner; **213** Eiskristall: Shutterstock.com/Kichigin **Registerblatt Wir in der Schule** Pinnadeln, Notizzettel „Türkisch/Deutsch“, Klebestreifen (gestreift): Cornelsen/Sandra Knopke; Schultafel: Shutterstock.com/Ohishiapply; Schulweg (Verkehrszeichen): stock.adobe.com/MarioHoesel. Papierflieger: stock.adobe.com/PRILL Mediendesign; Geodreieck (dreieckig): stock.adobe.com/Denis Junker; Zirkel (spitz): Shutterstock.com/genky; Pausenhof (rennen): stock.adobe.com/Christian Schwier; Von A bis Zett (Wörterbuch): Cornelsen Verlag GmbH; Pausenbrot und Banane (Frühstück): Shutterstock.com/Irina Barcari; Pausenbrot: Shutterstock.com/littleny; Apfel: adobe.stock.com/Dionisvera; Basketball spielen: stock.adobe.com/Robert Kneschke; Lachen: stock.adobe.com/Christian Schwier; Entdecken: Shutterstock.com/Syda Productions; Computerraum: Shutterstock.com/Monkey Business Images; Stundenplan: Cornelsen Verlag GmbH; Gruppenarbeit: Shutterstock.com/Pressmaster; Brailleschrift: Shutterstock.com/Alsu; Malen: stock.adobe.com/mariesacha; Schüler und Lehrerin: stock.adobe.com/Kzenon; Rund: Shutterstock.com/ESB Professional; **Registerblatt Kartoffeln, Kartoffeln** Teller: Shutterstock.com/Andrey_Kuzmin; Kartoffelpflanze (Aufbau): dpa Picture-Alliance/Wolfgang Privit; Kartoffeln (wachsen): stock.adobe.com/imaginatio; Pommes Frites: Shutterstock.com/Nils Z; Kartoffelpuffer: stock.adobe.com/Andrea Wilhelm; Bratkartoffeln: stock.adobe.com/ExQuisine; Kartoffel (giftig): Shutterstock.com/Kazakov Maksim; Kartoffeln (keimen): stock.adobe.com/Photozi; Stempeln: Shutterstock.com/Oswald Kunstmann; Chip: Shutterstock.com/Natykach Nataliia; Schale: Shutterstock.com/Natykach Nataliia; Kartoffeldruck (mehrere Stempel): stock.adobe.com/okunsto; Chips: stock.adobe.com/Schlierner; Kartoffel auf Gabel: stock.adobe.com/Tom Bayer; Kartoffel auf Gabel (heiß): Shutterstock.com/Pixelspieler; Kartoffelsorten (inklusive „hell“ und „dunkel“): stock.adobe.com/Barbara Pheby; Pinnadeln, Klebestreifen, Flaggen: Cornelsen/Sandra Knopke; Kinder ernten Kartoffeln (ernten): stock.adobe.com/st-fotograf; Kartoffelfeld: stock.adobe.com/Digitalpress; Kartoffelkäfer: mauritius images/image broker/Reinhard Hölzl **Registerblatt Fledermäuse** Fledermaus in der Hand (behaart): Shutterstock.com/Rudmer Zwerver; Fledermäuse an Decke (hängend): Shutterstock.com/Ethan Daniels; Fledermaus (Skelett): stock.adobe.com/mostwest; Katydid (Insekt): Shutterstock.com/Melinda Fawver; Fledermausdetektor: stock.adobe.com/philip kinsey; Fledermaukasten: Shutterstock.com/Rudmer Zwerver; Flattern: Shutterstock.com/Sergi Martin; Fledermaus-Silhouette: stock.adobe.com/Sergey YAkovlev; Fledermaus im Dachstuhl (überwintern): stock.adobe.com/Daniel Gutierrez; Abend: Shutterstock.com/Sangaroon; Kind im Fledermauskostüm (schwarz): Shutterstock.com/Marcin-linfernum; Fledermäuse an Felsen hängend (nackt): Shutterstock.com/Meaning; Flügel: Shutterstock.com/ Rudmer Zwerver; Nachtaktiv: Shutterstock.com/kim7; Jagen: mauritius images/Christian Ziegler/Minden Pictures; Käfer: Shutterstock.com/xiduu; Fledermaus über Fluss (Zeichnung): stock.adobe.com/Erica Guilane-Nachez; Fledermausquartiere am Haus: Cornelsen/Sandra Knopke; Häuser und Bäume: Cornelsen/Sandra Knopke; Klebestreifen, Stern und Mond: Cornelsen/Sandra

Knopke; Fledermausschwarm: Shutterstock.com/SarunT **Registerblatt Geheimnisvolles** Detektiv (Foto): Shutterstock.com/Richard Petersen; Tor: stock.adobe.com/PRILL Mediendesign; Fotograf (fotografieren): Shutterstock.com/oneinchpunch; Kamera (beobachten): Shutterstock.com/Virojt Changyencham; Mädchen (schleichen): Shutterstock.com/White Space Ukraine; Einbrecher (gefährlich): Shutterstock.com/Bertold Werkmann; Handschuh: Shutterstock.com/Ekaterina Pankina; Junge mit Koffer (heimlich): stock.adobe.com/bonzodog; Sonnenbrille: Shutterstock.com/Bell nipon; Mädchen mit Fragezeichen (misstrauisch): Shutterstock.com/pathdoc; Koffer: Shutterstock.com/Alex Kalmbach; Lupe (kleines Bild): stock.adobe.com/Andrey Kuzmin; Lupe (groß): Shutterstock.com/kai keisuke; Glühbirne (schlau): stock.adobe.com/Pixelbliss; Fingerabdrücke: stock.adobe.com/Andrey Kuzmin; Detektiv (notieren): Shutterstock.com/GoodStudio; Fußabdrücke: Cornelsen/Sandra Knopke **Registerblatt Digital unterwegs** Virus: Shutterstock.com/vectortatu; Keyboard-Shortcuts (kopieren, einfügen): Shutterstock.com/Artur Stotch; USB-Stick: Shutterstock.com/Agan; Laptop (Passwort): Shutterstock.com/Rawpixel.com; Programm: Shutterstock.com/Palsur; USB-Stick (Nilpferd): Shutterstock.com/CSMaster; Kinder mit Handy (mobil): Shutterstock.com/SpeedKingz; Handy mit Symbolen (digital): Shutterstock.com/mrmohock; E-Mail empfangen (Symbol): Shutterstock.com/AVS-Images; Kinder mit Tablets: Shutterstock.com/Syda Productions; Diskette (speichern): Shutterstock.com/Vector.design; Öffnen-Symbol: Shutterstock.com/Timashov Sergiy; Künstliche Intelligenz (Suchmaschine): Shutterstock.com/Bluehousestudio; Wlan-Symbol: Shutterstock.com/Rashad Ashur; Sicher-Symbol: Shutterstock.com/Vadym Nechyporenko; Grafik Computer mit Tastatur und Händen: Shutterstock.com/hanss; Computer-Bug: Shutterstock.com/Julien Tromeur; Kinder mit Tablets: Shutterstock.com/Syda Productions; Weltkugel im Hintergrund: Shuttersock.com/Toria **Registerblatt Bei den Wikingern** Helm, Speere, Tunika: Shutterstock.com/Steve Cordory; Kochstelle (kochen): Shutterstock.com/jonanderswiken; Wikingerkopf in Holz geschnitzt (bärtig): Shutterstock.com/MicheleBoiero; Goldenes Kleinod (kostbar): Shutterstock/Kachalkina Veronika; Drachenschiff: Shutterstock.com/MoreVector; Wikingerkampf (kämpfen): stock.adobe.com/khosrork; Drachenkopf: Shutterstock.com/OlegDoroshin; Wikinger (stark): Shutterstock.com/Ivan_Nikulin; Münzen: Shutterstock.com/Tony Baggett; Schnitzen: Shutterstock.com/Davis Dorss; Silberschatz (Beute): Shutterstock/Tony Baggett; Langhaus: Shutterstock.com/jps;Thor (mächtig): Shutterstock.com/Fotokostic; Schiff (rudern): Bridgeman Images; Schild: stock.adobe.com/timboosch; Klebestreifen, Blitz, Schiff (Grafik) u. Wellen: Cornelsen/Sandra Knopke **Registerblatt Unser Wetter** Wolken im Hintergrund, Zacken der Sonne, Klebestreifen: Cornelsen/Sandra Knopke; Regenwetter (regnen): Shutterstock.com/Beata Becla; Regenbogen: stock.adobe.com/Samantha ROCHE; Wetterstation (messen): Shutterstock.com/Paul Fleet; Wettersymbole (inklusive „Niederschlag" und „windig"): stock.adobe.com/spiral media; Stürmisches Wetter (stürmen): stock.adobe.com/Rafael Ben-Ari; Blitz: stock.adobe.com/JohanSwanepoel; Trinkender Junge (schwitzen): Shutterstock.com/travelview; Wolken (bewölkt): Shutterstock.com/Suti Stock Photo; Thermometer (eiskalt): Shutterstock.com/rangizzz; Sonnig: Shutterstock.com/Elenamiv; Gewächshaus: Shutterstock/Jeanie333; Grafik Treibhauseffekt: Shutterstock.com/Ziablik; Windfahne: Shutterstock.com/Alexandru Nika; Eisblume: Shutterstock.com/Poznyakov; Celsius- u. Thermometer (Hitze)-Symbol: Shutterstock.com/RedKoala; Regensymbol: Shutterstock.com/Kid A; Sonne (ohne Zacken): Shutterstock.com/Triff **Registerblatt Phänomenal** Klebestreifen, Luftblasen, Feder: Cornelsen/Sandra Knopke; Entenfüße (watscheln): Shutterstock.com/subin pumsom; Salz streuen: Shutterstock.com/Degimages; Roboter: Shutterstock.com/Besjunior; Reißverschluss an Jeans: Shutterstock.com/kevin brine; Klebefolie (kleben): Shutterstock.com/Nik Merkulov; Salzstreuer: stock.adobe.com/eldadcarin; schließen: Shutterstock.com/Dobo Kristian; Turnschuhe: Shutterstock.com/KucherAV; Beweglich: Shutterstock.com/gritsalak karalak; Federn (vergrößert): dpa Picture-Alliance/blickwinkel/F. Hecker; Klette: Panther Media GmbH/G. Temmer; Jacke (dunkel): Shutterstock.com/eightstock; Sauber: Shutterstock.com/cyo bo; Schmutzig: Shutterstock.com/satawat nuntasiri; Kletten auf Hose: Shutterstock.com/Anna Rogalska; Wassertropfen auf Blatt: Shutterstock.com/Tongsai; Mohn: Shutterstock.com/M. Schuppich; Reißverschlüsse: Shutterstock.com/Nataliia Pyzhova; Löwenzahn im Hintergrund: Shutterstock.com/Chepko Danil Vitalevich; Jacke (hell): Shutterstock.com/Sasenki; Taucherflossen: Shutterstock.com/JaySi; Roboterhund: Shutterstock.com/ilterriorm; Gecko-Füße: Science Photo Library/akg-images, Klebestreifen (silber): Shutterstock.com/FabrikaSimf **Registerblatt Am Teich** Enten (Schnabel): Shutterstock.com/Shutterschock; Notizzettel, Klebestreifen, Luftblasen, Seerosen im Hintergrund: Cornelsen/Sandra Knopke; Quaken: Shutterstock.com/TessarTheTegu; untersuchen: Shutterstock.com/Tomsickova Tatyana; Libelle (kleines Bild): Shutterstock.com/Hintau Aliaksei; Karpfen (Maul): stock.adobe.com/nmelnychuk; Angeln (Ufer): Shutterstock.com/Pavel L Photo and Video; Froschlaich (schleimig): stock.adobe.com/Martina Berg; Weiß: Shutterstock.com/tuulijumala; Zart: Shutterstock.com/Mauvries; Kinder mit Kescher (neugierig): Shutterstock.com/sirtravelalot; Drei Erdkröten: stock.adobe.com/Martina Berg; Rohrkolben (Schilf): stock.adobe.com/faunuslsd; Straßenschild: stock.adobe.com/mhp; Kreuzkröte (Frosch): stock.adobe.com/morelia1983; Frosch zwischen Seerosenblättern: stock.adobe.com/boule1301; Fernglas und Behältnis: stock.adobe.com/rboehme; Foto Seerosenblätter: stock.adobe.com/ead72; Mädchen mit Fisch (fangen): Shutterstock.com/Jason L. Price; Libelle (oben): Shutterstock.com/Jason Patrick Ross; **Registerblatt Hier leben wir** Foto Erntemaschinen (arbeiten): Shutterstock.com/Kzenon; Skateboarder (skaten): Shutterstock.com/Denis Radovanovic; Klettern: Shutterstock.com/MaKo-studio; Schulhof (spielen): akg-images/euroluftbild.de/Hans Blossey; Haussiedlung: akg-images/euroluftbild.de/Robert Grahn; Luftaufnahme Berlin (Straße): Shutterstock.com/canadastock; Stadt: Shutterstock.com/S.Borisov; Rennende Kinder (gemeinsam): Shutterstock.com/LightField Studios; Fachwerkhaus (Dorf): Shutterstock.com/Stanislava Karagyozova; Frankfurt am Main (Hochhaus): Shutterstock.com/Pigprox; Kind alleine (einsam): Shutterstock.com/Olesia Bilkei; Landschaft (Land): Shutterstock.com/Sergey Novikov; Deutschlandkarte: Shutterstock.com/ElenVD; Symbole Hamburg, Hannover, München (nah, weit): Shutterstock.com/Berlin random; Kollegen vor Computer: Shutterstock.com/Gorodenkoff; Symbole Neuschwanstein, Gartenzwerg, Bundesadler, Kuckuksuhr, Kölner Dom, Brandenburger Tor, Fußball: Shutterstock.com/Moloko88; Klebestreifen: Cornelsen/Sandra Knopke; **Registerblatt Jahreszeiten und Feste** Löwenzahn: Shutterstock.com/Natykach Nataliia; Blätter sammeln: Shutterstock.com/Noval; Blätter von Frost bedeckt (Reif): Shutterstock.com/Volurol; Erdbeeren pflücken: Shutterstock.com/Tiplyashina Evgeniya; Eiskristall (kleines Bild): Shutterstock.com/Kichigin; Zugvögel: Shutterstock.com/Miao Liao; Roter Apfel (reif, grau): Shutterstock.com/Scink; Eidechse: Shutterstock.com/Wolfgang Simlinger; Apfel an Apfelbaum (unreif): Shutterstock.com/FrankHH; kahl: Shutterstock.com/myJOURNEY; Sonnenblumen (kleines Bild): Shutterstock.com/salajean; Eiskristall (großes Bild): Shutterstock.com/Kichigin; Laubblätter (fallen, wehen): Shutterstock.com/Tetiana Savaryn; Eier im Nest: Shutterstock.com/artpkr; Kind im Schnee: Shutterstock.com/gorillaimages; Kinder bemalen Eier: Shutterstock.com/Pressmaster; Feuerwerk: stock.adobe.com/elen_studio; Vogelfütterung: Shutterstock.com/giSpate; Vögel, Hintergrundbild (Baum), Eichhörnchen, Wind (wehen), Weihnachtskugeln, Kirschen, Klebestreifen: Cornelsen/Sandra Knopke; Vogelhäuschen: Shutterstock.com/Shutterstock//Artur_eM; Sonnenblume: Shutterstock.com/lan 2010

Illustrationen

Eva Czerwenka: Cover, S. 2, 9, 11–18, 20–25, 27 (Fatma), 33, 34, 37, 38, 40 (Vogel, Vase), 41–45, 50, 52–56, 58 (Tinto), 61–66, 81 u., 83 o., 86, 91, 95, 96, 98–100, 102–106, 117, 121–123, 125,126, 129–138, 140–146, 149, 151, 152, 158, 161–164, 167, 168, 172, 175, 176, 178–184, 185 (Tinto), 193, 195, 197–201, 204, 209, 223, Wörterliste S. 8, Tinto auf allen Registerseiten

Tobias Krejtschi: alle Kapitelvignetten, S. 7, 13 (Tinto), 18 (Tinto), 27, 29, 30, 35, 36, 39, 41 (Tinto), 44 (Tinto), 51 (Tinto), 57, 60, 72, 74–77, 82 u., 83 u., 109–116, 118–120, 124, 159, 160, 169 (Tinto), 170 (Tinto), 187 (Tinto), 192, 194, 205 o., 207 o. und Tinto, 208, 211, 215 (Tinto)

Ingrid Sissung: S. 40, 51, 58, 59, 67, 70, 79, 80, 81 o., 82 o., 84, 85, 87, 89, 90, 92–94, 101, 107, 108, 127, 139, 153, 165, 169, 170, 190, 205 u., 207 u., 215, 216

So kannst du schwierige Wörter üben

Rechtschreibgespräch
Betrachte den Satz. Markiere Stellen, bei denen du beim Schreiben unsicher sein könntest. Welche Strategie hilft dir, die richtige Schreibung zu finden? Nutze die Strategie und finde drei Wörter, bei denen dir diese Strategie auch hilft. Bilde mit jedem Wort einen Satz.

Stoppspiel
Ihr braucht: Stoppuhr, ein Blatt Papier, Übungswörter
Stellt die Stoppuhr auf 30 Sekunden. Prägt euch die Wörter ein, die ihr üben wollt. Dreht die Übungswörter um. Jeder schreibt nun alle Wörter auf, die er sich gemerkt hat. Kontrolliert gegenseitig. Für jedes richtige Wort gibt es einen Punkt.

Knickdiktat
Zeichne eine Tabelle mit sechs Spalten. Schreibe deine Fehlerwörter in die 1. Spalte. Lies das erste Wort genau. Merke dir schwierige Stellen. Knicke die 1. Spalte nach hinten. Schreibe das Wort auswendig auf. Knicke die 1. Spalte wieder nach vorne. So übst du alle Wörter. Kontrolliere am Ende mit der 1. Spalte.

Trainingskarte
Deine Lehrerin schreibt dir Trainingswörter auf deine Karte. Gib die Karte einem Partnerkind. Es diktiert dir die Wörter. Schreibe die Wörter auf. Die Stark-Strategien helfen dir. Dein Partnerkind kontrolliert. Es macht einen senkrechten Strich hinter jedes richtig geschriebene Wort.

TINTO 3

Basisordner
Sprache • Lesen

von
Christiane Bruns, Eva Jochmann, Sybille Schaub, Julia Schröder, Martin Wörner

Redaktion: Kristina Meyer
Bildredaktion: Susann Wieja
Illustration: Eva Czerwenka, Tobias Krejtschi, Ingrid Sissung (Zuordnung s. S. 222)
Symbole der Lernbereiche auf jeder Seite: hawemannundmosch, Berlin
Umschlaggestaltung: tritopp, Berlin
Layout und technische Umsetzung: Heike Börner, Berlin
Notensatz: Kontrapunkt Satzstudio, Bautzen

www.cornelsen.de

1. Auflage, 2. Druck 2021

Alle Drucke dieser Auflage sind inhaltlich unverändert und können im Unterricht nebeneinander verwendet werden.

◇ Texte mit diesem Zeichen wurden aus didaktischen Gründen gekürzt oder einzelne Formulierungen wurden didaktisch vereinfacht. Genaue Informationen stehen in diesem Textquellenverzeichnis bei den betreffenden Texten.

Druck: Salzland Druck, Staßfurt

ISBN: 978-3-06-0844791 (Basisordner)
ISBN: 978-3-06-0845002 (Lösungen zum Download)

PEFC
PEFC/04-31-2251
PEFC zertifiziert
Dieses Produkt stammt aus nachhaltig bewirtschafteten Wäldern und kontrollierten Quellen.
www.pefc.de